言われてみれば 手強い漢字2500

話題の達人倶楽部［編］

青春出版社

はじめに

大人になってから、人前で恥をかく原因といえば、何といっても「漢字」でしょう。人前で、「解毒」を「かいどく」、「野に下る」を「のにくだる」などと誤読すると、たちまち赤恥をかくことになってしまいます。そこで、この本には読めそうで読めない漢字を中心に危険な漢字を満載しました。

2500にのぼる言葉を選び出すうえで、私たちが留意したのは、あくまで大人の実生活に役立つことです。この本には、漢字の読みにしても、難しい魚の名前などは、ほとんど載っていません。そのようなウンチクタイプの漢字以上に、実用的な漢字・熟語のなかに、危険な言葉がひそんでいるからです。

たとえば、「身を粉にする」や「一家言」は、日常生活でもよく使う言葉ですが、「み を〝こな〟にする」や「いっかごん」などと読んでしまう人がいるものです。むろん、どちらもNGです。このように、一文字一文字は、小学校で習うような簡単な漢字でも、それらを組み合わせると、誤読しやすい熟語になるのが、漢字の怖いところです。

また、本書では、紙数は少ないながらも、「書き方」についても、書き間違いやすい言葉について紹介しました。たとえば、あなたは、「既製事実」、「新訳聖書」、「親不幸」のどこが間違いかおわかりでしょうか？　いずれも、書き間違いやすい、あるいはスマホなどで打ち間違いやすい漢字です。手書きだけでなく、正しく変換するためにも、漢字知識が必要なのです。

というように、この本では、「言われてみれば手強い漢字」を満載、さまざまな方向から紹介しました。あなたも、本書で「大人の漢字力」をしっかりチェック、より正確な漢字の使い手になっていただければ幸いに思います。

２０２３年９月

話題の達人倶楽部

言われてみれば手強い漢字2500◎もくじ

DTP……フジマックオフィス

1

「読み分け」がカギになる小学生の漢字

❶ 小学校3年で教わる漢字

●「他」を正しく読み分けてください。

□他人様

〔ひとさま、たにんさま〕 他の人を敬っていう言葉。「他人様の迷惑にならないように」「他人様に申し上げるようなことでは～」など。

□他所

〔よそ〕 他の場所。「他所様」「他所行き」など。「余所」とも書く。

□他日

〔たじつ〕 いつか別の日。「他日を期す」は、その日は断念しても、将来、実現させると心に決めること。

□**その他**

〈そのた〉　「そのた」のほか、「そのほか」と読むこともあるが、その場合は「その外」と書くことが多い。

□**他愛ない**

〈たわいない〉　とるにたらないさま。手応えがないさま。「他愛ない話」「他愛なく負ける」など。「他愛」と書くのは当て字なので、「たあいない」と読まないように。

●「柱」を正しく読み分けてください。

□**琴柱**

〈ことじ〉　琴の胴の上に立て、音の高低を調節する道具。「琴柱に膠す」は、融通がきかないことのたとえ。本来は動かすものである琴柱を糊付けするような、という意。

□**真柱**

〈しんばしら〉　五重塔などの中心の柱。「心の柱」ともいう。

□**蚊柱**

〈かばしら〉　蚊が群れて飛び、柱のように見えるもの。貝柱、霜柱、茶柱、水柱、火柱、帆柱などは、「はしら（ばしら）」と訓読みにする。

□鼻っ柱

（はなっぱしら）　向こう意気。負けん気。「鼻っ柱が強い」「鼻っ柱をへし折る」など。

□人柱

（ひとばしら）　もとは生贄（いけにえ）のことで、そこからある目的のため、犠牲になった人を指す。「○○の人柱となる」など。

●「仕」を正しく読み分けてください。

□仕る

（つかまつる）　「する」の古風な謙譲語。「承知仕る」「拝借仕る」など。今でいう謙譲語の「いたす」に似た意味合いの動詞。

□仕える

（つかえる）　目上の人のために働く。「首相に仕える」「社長に仕える」「すまじきものは宮仕え」など。

□仕掛品

（しかかりひん）　製造段階の途中にある品のことで、簿記の勘定科目のひとつ。×「しかけひん」。

□仕来り

（しきたり）　ならわし。「わが家の仕来り」「武家の仕来り」「仕来りに従う」など。「為来り」とも書く。今は、仮名書きで「しきたり」と書くことが多い。

□**給仕**

〈**きゅうじ**〉 古い言い方で、飲食店などのボーイ。接客係。「仕」を「じ」と濁って読む珍しい例。

●「発」を正しく読み分けてください。

□**発起人**

〈**ほっきにん**〉 意外に、「発」は「ほつ」と読むことが多い漢字。以下、紹介しておこう。「発起人」は、ある計画を思い立ち、始める人。言い出しっぺ。

□**発頭人**

〈**ほっとうにん**〉 先に立って物事を企てる人。×「はっとうにん」。

□**発足**

〈**ほっそく**〉 組織などが作られ、活動を始めること。「正式に発足する」など。

□発端（ほったん）　始まり。起こり。物事の糸口。「事件の発端」など。

□発作（ほっさ）　病気の症状が急に起きること。「心臓発作」「発作的」など。

□発心（ほっしん）　仏門に入ろうと、決意すること。そこから、何かを始めようと決心すること。「発心して、仏道に入る」など。

□発疹（はっしん、ほっしん）　皮膚に現れる小さな吹き出物。

□発句（ほっく）　連歌の最初の句。なお、最後の句が「挙句（あげく）」で「挙句の果て」の語源。

□発議（はつぎ、ほつぎ）　議会などで、議案を提出すること。

□発条（ばね、ぜんまい）　今は、それぞれ「バネ」「ゼンマイ」とカタカナで書くことが多い。

□原発（げんぱつ）　この語をはじめ、連発、反発など、「発」が熟語の後ろについたときは、「ぱつ」と読む語もある。

●「反」を正しく読み分けてください。

□反故

□反吐

□反っ歯

□減反

□一反

〈ほご〉　役に立たないもの。不要の紙。「反故にする」など。「反古」とも書く。

〈へど〉　食べたものを吐き出した汚物。「反吐が出る」「反吐を吐く」など。

〈そっぱ〉　前にそりだした前歯。出っ歯のこと。

〈げんたん〉　作付け面積を減らすこと。「減反政策」など。なお、「反」を「はん」と読むのは漢音、「ほん」は呉音。

〈いったん〉　「反」は数字の単位としては、慣用読みで「たん」と読む。一反は、土地の面積単位としては10アール弱（一町の10分の1）。布地の大きさの単位としては、幅36センチ×長さ10メートルくらい。これで、成人一人分の着物がつくれるところから、着物を作る布を「反物（たんもの）」という。

□謀反

〔むほん〕　主君などに反逆すること。「謀叛」とも書く。「謀反気がある」「謀反人」など。

●「氷」を正しく読み分けてください。

□氷雨

□氷柱

□氷室

□初氷

〔ひさめ〕　もとは、霰（あられ）、あるいは霙（みぞれ）のことだが、今は「冷たい雨」という意味で使われることが多い。かつてのヒット曲のタイトルでもある。なお、「氷」の訓読みは「こおり」と「ひ」。音読みは「ひょう」。

〔つらら〕　軒先などから、棒状に垂れ下がった氷のこと。なお、「氷柱石」は鍾乳石を意味する。

〔ひむろ〕　昔、氷を夏まで貯蔵した場所。

〔はつごおり〕　その年、初めて池などにはる氷。「氷」が下につく語は、音読みにすることが多いが、これは訓読みにする珍しい例。

□氷ノ山

〔ひょうのせん〕 兵庫・鳥取県境にある山。標高1510メートルで、スキー場がある。「氷の山」でないことにも注意。

●「悪」を正しく読み分けてください。

□悪阻

〔つわり〕 妊娠初期の吐き気、嘔吐、食欲不振などの症状。

□悪戯

〔いたずら〕 わるふざけ、無益なたわむれ。「ちょっとした悪戯」「子どもの悪戯」など。一方、「徒に」は「無用に」「無益に」という意味で、「徒に時間を費やす」などと使う。

□悪寒

〔おかん〕 発熱時などに、ぞくぞくと感じる寒け。「悪寒がする」「背筋に悪寒が走る」など。

□悪々し

〔あくあくし〕 いかにも悪そうなさま。憎々しいさま。

□悪日

〔あくび、あくにち〕 運勢のよくない日。「あくにち」とは読むが、「あくじつ」は×。一方、「吉日」は「きちじつ」と読む

□悪し様

□嫌悪

□好悪

□悪方

□悪感情

のが一般的で、「きちにち」とも読むが、「きちび」は×。

〔あしざま〕 実際よりも悪いさま。おもに、悪く言い立てるさまに使い、「悪し様に言う」「悪し様に罵（ののし）る」など。

〔けんお〕 ひどく嫌うこと。「自己嫌悪を催す」「嫌悪感」など。なお、厭悪（えんお）も、「悪」を「お」と読み、「嫌悪」と同様の意味。

〔こうお〕 好き嫌い。「好悪の差が激しい」など。このように、「悪」は憎む、嫌うという意味では「お」と読み、前項の嫌悪のほか、憎悪もその例。

〔あくがた〕 歌舞伎などの芝居で、悪役のこと。敵役（かたきやく）。「悪形」とも書く。

〔あくかんじょう〕 うっかり「わる」と読まないように。「悪」のつく三字の熟語では、悪材料、悪趣味、悪循環、悪条件、悪知識、悪平等も、「あく」と読む。

□**悪たれ口**

〔あくたれぐち〕 悪口のことではなく、憎まれ口のこと。「悪たれ口をたたく」など。なお、「悪たれ」は粗暴な者のこと。

●「化」を正しく読み分けてください。

□**化身**

〔けしん〕 もとは、神仏が形をかえ、人間として、この世に現れること。そこから、抽象的な観念が具体的な形になったもの。「悪の化身」など。

□**権化**

〔ごんげ〕 「権」には「仮に」という意味があり、「権化」は、仏が仮の姿で現れること。そこから、やはり抽象的観念が具体化したものを意味し、「悪の権化」など。

□**七変化**

〔しちへんげ〕 姿をいろいろに変えること。アジサイの別名でもある。×「ななへんげ」。

□**遷化**

〔せんげ〕 高僧が死ぬこと。この世での教化を終え、他の世に「教化を遷(うつ)す」という意。なお、「化」が熟語の下について「げ」

と読むのは、以上の3語くらい。

□化けの皮

〔ばけのかわ〕 真の姿や素性、本性を隠している外見のこと。「化けの皮が剥(は)がれる」で、隠していた正体が現れること。

●「荷」を正しく読み分けてください。

□荷重

〔におも、かじゅう〕 「におも」と読むと、責任や負担が重すぎること。一方、「かじゅう」と読むときは、荷物や貨物の重さのこと。なお、「荷」が熟語の先について「か」と読む語は、この「かじゅう」と「荷電」(物体が電気を帯びること)くらいである。

□荷役

〔にやく〕 荷物を上げ下ろしすること。とくに、船荷に関して使い、「港の荷役作業」など。×「にえき」。

□荷主

〔にぬし〕 荷物を発送した人。あるいは、荷物の持ち主のこと。「荷主は、誰になっていますか」など。

□初荷

〔はつに〕 正月、初めて取引先に送り出す商品。新年の季語であり、かつてはトラックなどを飾りたてて取引先に送り届ける新年の風物詩のひとつだった。

□茗荷

〔みょうが〕 薬味などにするショウガ科の植物。「芽香(めが)」が音変化した語に、「茗荷」と漢字を当てたとみられる。なお、「薄荷」は「はっか」と読む。

●「寒」を正しく読み分けてください。

□寒垢離

〔かんごり〕 「垢離(こり)」は、冷水を浴びながら、体からけがれを取り去って、神仏に祈願すること。「寒垢離」は、それを寒中に行うこと。一方、「水垢離」は「みずごり」と読み、祈願のなかでも、冷水を浴びることに焦点を当てた言葉。

□寒の入り

〔かんのいり〕 「寒」は暦の上では、立春前の30日間を指す語。「寒の入り」は、その始まりの「小寒」を意味し、今の暦でいうと、1月5日頃。

□寒桜
（かんざくら）　まだ、寒い時期に咲く桜。「寒椿」「寒梅」も「かん」と読む。

□寒晒し
（かんざらし）　寒い時期、食べ物や布をさらすこと。あるいは、白玉を使った菓子。なお、「寒晒し粉（こ）」は白玉粉のことで、もち米を寒晒しにして作ることから。

□秋寒
（あきさむ）　秋の寒さ、とくにその朝夕に感じる寒さ。この語と「梅雨寒」「夜寒（よさむ）」の3語は、言葉の後ろにいた「寒」を「さむ（ざむ）」と読む。

●「豆」を正しく読み分けてください。

□豆汁
（ごじる）　大豆をすりつぶした「ご」入りの味噌汁。「呉汁」とも書く。

□豆板醤

□豆幹

□豆名月

□小豆

□豌豆

〔トーバンジャン〕 中国の調味料のひとつ。ソラマメからつくる。

〔まめがら〕 実をとったあとの豆の茎やさやのこと。「豆殻」とも書く。

〔まめめいげつ〕 陰暦9月13日の月。地方によって、枝豆を供えることがあるので、この名がある。地方によっては「栗名月」と呼び、栗を供える。なお、8月15日は別名「芋名月」で、里芋を供える。

〔あずき〕 あんこの原料になる豆。なお、小豆島は「しょうどしま」と読む。

〔えんどう〕 これに、さらに「豆」をつけた「豌豆豆」という名でお馴染み。

●「湯」を正しく読み分けてください。

□湯麺

□湯治

□湯煎

□湯湯婆

□湯文字

□新湯

〔タンメン〕　塩味の中華そば。「湯」を「たん」と読むのは唐音。

〔とうじ〕　温泉に入って、病気や怪我を治療すること。「湯治客」など。

〔ゆせん〕　「湯桶読み」という言葉があるわりに、「湯○」を湯桶読みする熟語は案外少ない。「湯煎」（容器ごと、湯の中で熱すること）と「湯銭」（銭湯代）はその珍しい例。

〔ゆたんぽ〕　お湯を入れる暖房具。中国の「湯婆（タンポ）」という言葉に、日本でさらに「湯」を重ねたため、漢字で書くと、こうなる。

〔ゆもじ〕　女性が入浴時に身につけた一重（ひとえ）の衣。後ろに「文字」をつける女房詞のひとつ。

〔さらゆ〕　沸かし立てで、まだ誰も入っていない風呂の湯。「新

□微温湯

湯は身の毒」などと使う。「更湯」とも書く。

〈ぬるまゆ〉ぬるい湯。「微温湯につかる」「微温湯のような暮らし」などと、比喩的にも使う。

●「橋」を正しく読み分けてください。

□橋懸

〈はしがかり〉能舞台の一部で、舞台と幕口をつなぐ通路。舞台に向かって左手に、橋のように懸けられている。「橋掛」とも書く。

□橋頭堡

〈きょうとうほ〉上陸作戦などで、作戦の足場となる拠点。「敵陣突破のため、橋頭堡を築く」など。そこから、一般社会でも「拠点」という意味で使われ、「首都圏進出の橋頭堡となる支店」などと用いる。

□架け橋

〈かけはし〉谷や川に掛け渡した橋。「懸け橋」「掛け橋」とも書く。比喩的に仲立ちという意味で使われ、「日中両国の架け橋となる」など。

□橋桁

（はしげた）　橋脚の上に渡して、橋板を支えるもの。

●「向」を正しく読み分けてください。

□一向

（ひたすら、いっこう）「ひたすら」と読むと「いちずに」という意。「一向に」と助詞の「に」がつくと、「いっこうに」と読み、「すこしも」という意味になる。

□回向

（えこう）　法要を営み、死者の冥福を祈ること。「回向をたむける」など。「回向院」は、東京・両国の有名な寺。

□陰日向

（かげひなた）　日の当たらない場所と、当たる場所。「陰日向がない」は、人が見ていても見ていなくても、態度が変わらないという意味。

□向こう脛

（むこうずね）　すねの前面。「向こう」で始まる言葉は意外に数多くあり、向こう傷、向こう見ず、向こう正面、向こう三軒両隣、向こうに回す、など。

□**向日葵**

〔ひまわり〕 夏に大きな花をつける植物。こう書くものの、「太陽を追って花が回る」というのは俗説。

●「事」を正しく読み分けてください。

□**飯事**

〔ままごと〕 食事の用意の真似事をする子どもの遊び。比喩的に、「しょせん、子どもの飯事のようなもの」などと、未熟なことの形容に使う。

□**由無し事**

〔よしなしごと〕 たわいもないこと。「由無し事を書き綴る」など。なお、「由無し言」も、同じように読む。

□**秘め事**

〔ひめごと〕 秘めて、人には知られないようにする事柄。もっぱら、男女間の人には知られたくない関係について使う。なお、「秘事」は「ひじ」と読む。

□事足りる

〔ことたりる〕 十分であるさま。不足ではないさま。「電話一本で事足りる話」など。「事足る」も同様の意味。

□事寄せる

〔ことよせる〕 かこつける。言い訳にする。「仕事に事寄せて、外泊する」などと使う。

□事勿れ主義

〔ことなかれしゅぎ〕 平穏無事だけを願う消極的な考え方。「事勿れ主義がはびこる組織」など。今は「事なかれ主義」と書くことが多い。

●「主」を正しく読み分けてください。

□主水

〔もんど〕 昔の官職名で、本来は水を司る役割。昔の名前にも使われ、「中村主水」など。

□主計

〔しゅけい、かずえ〕 「しゅけい」は予算をつかさどることで、「財務省主計局」など。古くは、「かずえ」と読み、やはり財政を司る役職名だった。

□主税

□主

□お主

□主立った

□売り主

〔しゅぜい、ちから〕「主税」は、税をつかさどることで、「財務省主税局」など。古くは「ちから」とも読み、大石主税（大石内蔵之助の長男）など。

〔あるじ、しゅ、ぬし〕「あるじ」は主人のこと。キリスト教では、「しゅ」と読み、イエス・キリストのこと。「沼の主」など、「ぬし」と読むこともある。

〔おぬし〕「主」を「ぬし」と読むと、ボスを意味するが、「お主」というと、同輩以下に使う二人称になる。「おまえ」に近い意味。

〔おもだった〕主(おも)なと同様の意味で、中心となるさま。「主立った顔ぶれが集まる」など。

〔うりぬし〕売り手のことで、「不動産の売り主」など。他に、株主、家主、地主、名主、荷主、馬主、買い主などは「ぬし」と読む。

□**庵主**
〔**あんじゅ**〕　僧侶や尼僧のうち、庵室を構えている人のこと。とくに、尼僧を指すことが多い。「庵主様」など。

□**法主**
〔**ほうしゅ、ほっす、ほっしゅ**〕　もとは「仏」のことだが、今は宗派の長を指すことが多い。宗派の違いによって、いろいろな読み方をする。

□**主筋**
〔**しゅうすじ、しゅすじ**〕　主君の血筋、主君の関係者。広辞苑は「しゅうすじ」を見出し語にしている。

●**「宿」を正しく読み分けてください。**

□**宿世**
〔**すくせ**〕　前世、前世からの因縁。「宿」を「すく」と特殊読みする例。

□**宿賃**
〔**やどちん**〕　宿泊代のこと。「宿銭（やどせん）」ともいう。

□**定宿**
〔**じょうやど**〕　いつも泊まる宿。重箱読みにする。「常宿」とも書く。

□無宿
〔むしゅく〕 人別帳から名前をはずされた者のこと。「上州無宿」など。

□宿駕籠
〔しゅくかご〕 この「宿」は「やど」ではなく、「宿場」を意味する。「宿駕籠」は、江戸時代、宿場間を行き来した駕籠。×「やどかご」。

□宿坊
〔しゅくぼう〕 寺社を参拝する人のための宿。僧侶が生活する場所を指すこともある。「宿坊に泊まる人気のツアー」など。

□宿老
〔しゅくろう〕 武家の老臣を意味する言葉で、「織田家の宿老」など、「家老」クラスを指すことが多い。

●「神」を正しく読み分けてください。

□神々しい
〔こうごうしい〕 気高く、おごそかなさま。「神々しい日の出」

□御神輿

□神楽

□神無月

□神主

□四神

□神器

□御神火

など。

（おみこし）　神霊をのせる輿。比喩的に、大勢で担ぎ上げる人物。

（かぐら）　神前で行う歌舞。「神楽を舞う」「神楽囃子」など。

（かんなづき）　「かみなづき」がなまった言葉で、陰暦の10月のこと。出雲地方では、同じ月のことを「神在月（かみありづき）」という。

（かんぬし）　神社で神に仕える人、神官。

（しじん）　東西南北をつかさどる神。青竜、白虎（びゃっこ）、朱雀（すざく）、玄武の総称。なお、水神、天神、地神、風神、魔神、明神、竜神、雷神、七福神、道祖神などは、「神」を「じん」と濁って読む。

（じんぎ）　古くは「しんき」「しんぎ」とも読んだが、今は「じんぎ」と読むのが一般的。神から与えられた宝器のことで、「三種の神器」など。

（ごじんか）　火山の噴火を神聖視した表現。×「ごしんか」。

●「深」を正しく読み分けてください。

□深傷
□深間
□深緑
□深山
□深雪
□根深
□意味深

〔ふかで〕 重傷。「深傷を負う」など。「深手」とも書く。対義語は「浅傷（あさで）」。

〔ふかま〕 水などの深いところ。比喩的に、男女が深い仲になること。「ちょっとした火遊びのつもりが、深間にはまる」など。

〔ふかみどり〕 濃い緑色。「しんりょく」とも読む。

〔みやま〕 奥深い山。「しんざん」とも読む。「深山鍬形」は「みやまくわがた」と読む。

〔みゆき〕 深く降り積もった雪。

〔ねぶか〕 葱のこと。「根深汁」は、葱入りの味噌汁・すまし汁のこと。

〔いみしん〕 「意味深長」を略した言葉で、額面通りの意味だけでなく、他の意味が隠されているという意味。「意味深な発言」「意味深な笑い」など。

●「世」を正しく読み分けてください。

□世人

□世情

□世事

□世故

□世評

□世の習い

〔せじん〕 世の中の人。「世人の言うところ」「世人の注目を集める」など。

〔せじょう〕 世の中の事情。「世情に通じる」など。中島みゆきの歌のタイトルでもある。

〔せじ〕 世の中の事柄。世俗の出来事。「世事に疎い」など。

〔せこ〕 世の中の事情。「世故に長ける」など。

〔せひょう〕 世間の評判。以上のように、「世間」に関係する言葉は、「せい」ではなく、「せ」と読むことが多い。

〔よのならい〕 世間によくあること。「世の例」ともいう。

□末世

〔まっせ〕 仏教で、末法の世。そこから、道義が廃れ、乱れた世の中。他に、現世(げんせ)も、「せ」と読む。

□現世

〔げんせ〕 今、生きているこの世。来世は「らいせ」、前世は「ぜんせ」と読む。合わせて「三世(さんぜ)」といい、これは濁音で読む。

□常世

〔とこよ〕 常に変わらないこと。また「常世の国」の略で、古代、海のはるか向こうにあると考えられた国のこと。

● 「相」を正しく読み分けてください。

□相応しい

〔ふさわしい〕 よく合っているさま。「社長に相応しい器」など。

□相俟って

〔あいまって〕 互いに作用し合って、互いの力が合わさって。「両々相俟って」は、両方が互いに助け合ってという意味。

□外相

〔がいしょう〕 外務大臣のこと。他に、首相、蔵相、宰相など、「相」を大臣という意味で使う場合は、「しょう」と読む。

□相生……（あいおい）同じ木の根から、二本の幹が成長すること。「相生の松」は、夫婦がともに長生きする（「相老い」にかけている）ことのシンボル。

□相客……（あいきゃく）同席、同室の客。あるいは、たまたま同時に来合わせた客。

□相伴……（しょうばん）お客の相手をして、一緒にもてなしを受けること。「お相伴に預かる」が定番の使い方。

□可哀相……（かわいそう）気の毒である。「可哀想」とも書くが、ともに当て字。

●「息」を正しく読み分けてください。

□息む……（やすむ）「休息する」「安息日」などという語があるように、「息」にはやすみという意味、読みがある。

□御息所……（みやすどころ）天皇に仕える宮女。『源氏物語』に登場する

□息吹
□息子
□息遣い
□長大息
□青息吐息
□鼻息

「六条御息所」など。
〈いぶき〉 呼吸、息を吹くこと。そこから、比喩的に、気配や活気を感じさせるさま。「春の息吹を感じる」「新時代の息吹」「青春の息吹」など。
〈むすこ〉 男の子ども、せがれ。「道楽息子」「どら息子」など。一方、「息女」は「そくじょ」と読むのが一般的。
〈いきづかい〉 呼吸の様子。「息遣いが乱れる」など。「息使い」と書くのは間違い。
〈ちょうたいそく〉 深く大きなため息。「長大息をつく」など。
〈あおいきといき〉 ため息の出るような状態。要するに、困り果てたさま。「青息吐息の経営状態」のように使う。
〈はないき〉 鼻でする息。慣用句でよく使われ、「鼻息が荒い」は意気込みが激しいさま、「鼻息をうかがう」は、意向や機嫌をうかがうこと。

●「平」を正しく読み分けてください。

□平仄

□平米

□平城

□段平

〈ひょうそく〉　中国の発音のうち、平板な発音の「平字」と癖のある発音の「仄字」の総称。「平仄が合わない」は、物事の筋道が立たないという意味。なお、「平」を「へい」と読むのは漢音で、「びょう」は呉音。「ひょう」は慣用読み。

〈へいべい〉　平方メートルのこと。なお、「メートル」は昔は「米突」という漢字が当てられ、それが略されて「米」となった。

〈ひらじろ〉　平地に建てられた城。ほかに、平底、平皿、平台、平手、平場、平幕は、「ひら」と読む。

〈だんびら〉　幅の広い刀。この書き方に意味はなく、「だびらひろ」という言葉が音変化した語に、漢字を当てたもの。「段平を振り回す」など。

□**仙台平**

〈せんだいひら〉 仙台地方名産の絹織物。高級袴地などに使う。この場合の「平」は織物の種類で、綾や浮き出しのない織り方のものを指す。×「せんだいだいら」。

□**日本平**

〈にほんだいら〉 静岡県の景勝地。なお、「八幡平」は「はちまんたい」と読む。

●「有」を正しく読み分けてください。

□**有情**

〈うじょう〉 「有」には「ゆう」と「う」の二つの音読みがあり、多くの言葉は漢音で「ゆう」と読むが、仏教がからんでいる語は「う」と呉音で読む。「有情」は「情（心）を有するもの」という意で、生きる者の総称。他に、有心、有卦、有縁、有耶無耶、有頂天なども、「有」を「う」と読む。

□**有徳**

〈うとく、ゆうとく〉 徳がそなわっていること。豊かなこと。「有徳人」など。

□有髪 〔うはつ〕 髪を剃らないでいること。「有髪の僧」など。

□有無 〔うむ〕 有ることと無いこと。「責任の有無を問う」など。

□有明 〔ありあけ〕 夜が明ける頃。「有明の空」「有明の月」など。

□有体 〔ありてい〕 有りのまま。「有体にいえば」など。「在体」とも書く。

□有象無象 〔うぞうむぞう〕 世の中に多数いるつまらない人々。「有象無象の集まり」「有象無象が集まってくる」など。

□有職故実 〔ゆうそくこじつ〕 朝廷や武家の典礼や故実に関する知識。これは「有」よりも「職」の読み方に注意。

□有為転変 〔ういてんぺん〕 世の中は常に移り変わっていくものであること。

●「流」を正しく読み分けてください。

□**流布**

□**流罪**

□**流浪**

□**流転**

□**流行る**

〔るふ〕「流」は「りゅう」（漢音）と読むことが多いが、「る」（呉音）と読む熟語も案外多いので注意。「流布」は世間に広まることで、「悪い噂が流布する」などと使う。

〔るざい〕島や辺地に流される刑。刑罰系の熟語で「流」が使われるときは、おおむね「る」と読み、流人は流罪になった人、流謫（るたく）は島流しのことで、「謫」には責めるという意味がある。「遠流（おんる）」は遠方に流されること。なお、流刑は「るけい」とも「りゅうけい」とも読む。

〔るろう〕あてもなく、さまようこと。「流浪の民」「諸国を流浪する」など。

〔るてん〕たえず移り変わること。「万物流転」など。なお、「生々流転」は「しょうじょうるてん」とも、「せいせいるてん」とも読む。

〔はやる〕世間にもてはやされること。「流行り歌」「都に流行る物」など。

□流離う

〔さすらう〕さまよい歩くさま。身を寄せるところがなく、流浪するさま。「流離いの日々」「荒野を流離う」など。

□流鏑馬

〔やぶさめ〕馬に乗りながら、弓を射る技・競技。現在は、もっぱら神社で、神事として行われている。

●「和」を正しく読み分けてください。

□和え物

〔あえもの〕野菜や魚などを味噌やゴマで和えた食べ物。「ホウレンソウの和え物」など。

□和毛

〔にこげ〕鳥や獣などの、やわらかな毛のこと。「和」という文字には「やわらかい」という意味もある。

□和布

〔わかめ〕海藻のワカメ。「若布」とも書く。

□和尚

〔おしょう〕僧、住職のこと。「山寺の和尚さん」など。宗派によって、「かしょう」「わじょう」と読むこともある。

□**和やか**

〔なごやか〕 おだやか、気分がやわらいでいるさま。「和やかな雰囲気」「和やかな笑顔」「和やかに話し合う」など。

□**和らぐ**

〔やわらぐ〕 おだやかになる。「暑さが和らぐ」「気持ちが和らぐ」など。

●「助」を正しく読み分けてください。

□**助太刀**

〔すけだち〕 仇討ちなどの際に、力を貸すこと。そこから、現代では、援助をするという意味で使われている。「会議で助太刀する」など。

□**助け船**

〔たすけぶね〕 もとは、救難船のこと。そこから、困っている人に助力することを意味するようになり、「返答に困っている人に、助け船を出す」などと使う。

□寝坊助

〔ねぼすけ〕「助」は、人名につく漢字で、人の特徴を擬人化して表すときにも使う。「寝坊助」は、よく寝る人。他に、飲み助、雲助、合点承知の助など。

□侘助

〔わびすけ〕ツバキの一品種。花は小ぶりで、茶花によく使われる。

●「根」を正しく読み分けてください。

□心根

〔こころね〕性質、根性。「心根は優しい人」「心根が卑しい人」などと使う。「しんこん」と読むのは、「心魂」のほう。

□根比べ

〔こんくらべ〕根気強さを競うこと。「こうなりゃ、根比べだ」のように。なお、「根負け」は「こんまけ」と読む。

□精も根も尽き果てる

〔せいもこんもつきはてる〕精力も気力（根）も使い果たしてしまうさま。「精根尽きる」も同様の意味。

□根城

（ねじろ） 根拠地、中心となる城。「学生寮を根城にする」など。

●「丁」を正しく読み分けてください。

□丁稚

□丁髷

□丁字路

□乱丁

（でっち） 商家で、年季奉公する少年。「丁稚奉公」など。「でし（弟子）」の音変化した語に、当て字したとみられる。

（ちょんまげ） 江戸時代の男の髪形。「丁髷物」は、時代劇のこと。

（ていじろ） 漢字の「丁」の形の道。今でいうT字路。なお、かつての「丁型定規」は、道路と同様に、じょじょに「T型定規」というようになってきている。

（らんちょう） 書籍のページの順番が間違って綴じられていること。なお、「落丁」は、ページが抜け落ちていること。

●「定」を正しく読み分けてください。

□**定石**

〔じょうせき〕 囲碁で最善とされる決まった指し方。囲碁では「定石」、将棋では「定跡」と書く。以下、「じょう」と読む語を紹介しておく。

□**案の定**

〔あんのじょう〕 思ったとおり。「案の定、失敗した」「案の定のお粗末な結末」など、ネガティブな予想が当たったときに使う言葉。

□**定府**

〔じょうふ〕 大名や侍が、江戸に出府したまま、居つづける状態。

□**定法**

〔じょうほう〕 いつもの決まったやり方。「定法どおりの手順」など。ほかに、定規、定席、定紋も、「じょう」と読む。

□**必定**

〔ひつじょう〕 そうなると、決まっていること。「負けるのも必定」など。

2 小学校4年で教わる漢字

●「末」を正しく読み分けてください。

□末裔

□末寺

□場末

〈まつえい〉 子孫のこと。「ばつえい」とも読み、「王家の末裔」など。「末」は「まつ」が呉音で、「ばつ」が漢音。なお「裔」にも「末」と同様、「すえ」という訓読みがある。

〈まつじ〉 本山の下にある寺。あるいは、本寺に付随する小さな寺。

〈ばすえ〉 町はずれ。都市の中心部から離れた場所。「場末のスナック」など。

□**末吉**　**（すえきち）**　おみくじで、「末の吉」（吉のなかでは一番下）の運勢。

□**末子**　**（すえっこ）**　最後の子。「末っ子」とも書く。また、「ばっし」とも読む。

□**末々**　**（すえずえ）**　後々、先々。「わが子の末々が心配だ」など。

□**末摘花**　**（すえつむはな）**　本来は、紅花のことだが、『源氏物語』の巻名のひとつであり、その巻に登場する女性の名として有名な言葉。

●「初」を正しく読み分けてください。

□**初々しい**　**（ういういしい）**　すれていないさま。「初」は、訓読みが「うい」「はじめ」「はつ」（これも訓読み）と三つもある漢字。

- □**初産**
- □**初顔**
- □**初釜**
- □**初**
- □**初太刀**
- □**初一念**
- □**見初める**

「初々しい」は「うい」と読み、「初々しい新人」「初々しい若者」などと使う。

〔ういざん〕 初めてのお産。初孫、初陣は「うい」と読む。

〔はつがお〕 会合などに初めて参加した人。相撲などでは、初の顔合わせ＝初対戦という意味に使う。

〔はつがま〕 その年、最初の茶会。新年の季語。

〔うぶ〕 世間ずれしていないさま。「初な若者」など。むろん「はつ」とも読む。

〔しょだち〕 最初に、刀で斬りつける一振り。「初太刀で、深傷を負わせる」など。×「はつだち」。

〔しょいちねん〕 最初に抱いた志。最初の決心。「初一念を貫く」など。

〔みそめる〕 「始める」は「はじめる」、「初める」は「そめる」

と読む。「初める」は動詞の連用形について、「～しはじめる」という意味の複合動詞をつくり、「見初める」は、初めて見ることで、おもに一目惚れするという意味で使う。

□書き初め

〔かきぞめ〕 新年に、その年初めて筆をとって文字を書くこと。

●「種」を正しく読み分けてください。

□種々

〔しゅじゅ〕 種類の多いさま。「種々雑多」は「しゅじゅざった」と読み、いろいろな種類が混じっているさま。×「しゅしゅざった」。種々相は「しゅじゅそう」と読む。

□種明かし

〔たねあかし〕 手品などのからくりを説明すること。他に、種芋、種火、種籾（たねもみ）、種油（たねあぶら）、種本などは、「たね」と読む。なお、「種える」で「うえる」と訓読みする。

□言い種

〔いいぐさ〕 言っていることの中身、あるいは、ものの言い方。「言い種が気に入らない」「なんという言い種だ」などと、ネガティブな方向に使う語。

□下種

〔げす〕 身分の低い者のことで、「下種の勘繰り」「下種の後知恵」などと使う。「下司」「下衆」とも書く。すべて常用漢字なのだが、今は「ゲス」と書くことが多い。

□癪の種

〔しゃくのたね〕 腹の立つ原因。「癪の種が尽きない」「それが、癪の種なんですよ」などと使う。

□客種

〔きゃくだね〕 客筋、客の種類。「客種のいい店」など。

● 「便」を正しく読み分けてください。

□便箋

〔びんせん〕 「便」は「びん」と「べん」の読み分けが面倒な漢字。これは「びん」で、手紙を書くための用紙。なお、「箋」には「ふだ」という訓読みがある。

□便船

〔びんせん〕 これも前項と同音の読み方で、都合よく乗れる船

□便覧

□便法

□便ずる

□軽便鉄道

□穏便

のこと。

〔べんらん、びんらん〕 ある事柄について、知識やノウハウをまとめた便利な本。ハンドブックのこと。「国会便覧」「農業便覧」など。一般には「びんらん」と読むことが多いのだが、辞書は広辞苑をはじめ、「べんらん」を見出し語とする言葉。

〔べんぽう〕 便利な手段。あるいは、便宜的な方法。「一時の便法に過ぎない」は、後者の意味で使われている。×「びんぽう」。

〔べんずる〕 用を足す。用が足りる。

〔けいべんてつどう〕 線路の幅が狭い小規模な鉄道。「軽便」は手軽で便利という意味。×「けいびん」。

〔おんびん〕 穏やかで、事を荒立てないさま。「穏便にすませる」「何とぞ、穏便に願います」など。

●「印」を正しく読み分けてください。

□印する

□印肉

□印半纏

□旗印

□認印

〈いんする〉 いろいろな意味に使われる動詞。ハンコを捺すという意味では「契約書に印する」など。あとを残すという意味では「第一歩を印する」などと使う。

〈いんにく〉 ハンコを捺すときに使う顔料。とくに〝色限定〟の言葉ではないのだが、今は「朱肉」を意味することが多い。

〈しるしばんてん〉 屋号や家紋などのしるしの入った半纏。

〈はたじるし〉 「印」が後ろにつくと、「いん」と読む語が多いが、この語と無印、目印、矢印などは「しるし（じるし）」と読む。「旗印」の意味は、旗につけた紋所などの印のこと。比喩的に行動の目標という意味でも使われる。「政党の旗印となる政策」など。

〈みとめいん〉 実印に対して、ふだん使いの略式の印。「認印でけっこうですので」などと使う。

●「未」を正しく読み分けてください。

□未

□未草

□未だに

□未だしも

〔ひつじ〕　十二支の8番目。時刻では午後2時頃、方角では南南西を意味する。「未申（ひつじさる）」は、南西の方角を意味し、裏鬼門（鬼門は北東）に当たる。

〔ひつじぐさ〕　スイレン科の水草。動物の羊とは関係なく、未の刻の頃に開花するという話から、この名がある。

〔いまだに〕　今でもまだ、という意。なお、「未だ」は「いまだ」とも「まだ」とも読む。

〔まだしも〕　まだそれでも。「未だしもいいほうだ」など。ところが、「未だし」と「も」がなくなると、「いまだし」と読み、「まだそのときではない」という意味になる。

□朝未き……（あさまだき）　朝早く。夜の明けきらぬ頃。

●「輪」を正しく読み分けてください。

□輪廻……（りんね）　生死をたえまなく繰り返すこと。「輪廻転生（てんしょう）」など。

□九輪……（くりん）　五重塔などの頂上部にある9個の輪の飾り。

□七輪……（しちりん）　土製の簡易コンロ。その語源をめぐっては、食べ物を煮るのに必要な炭の値段が7厘程度で、円形のものが多いことから、「七輪」と書くようになったといわれる。

□竹輪……（ちくわ）　魚の練り製品。切り口が竹に似ていることから、この名に。

□喉輪……（のどわ）　相撲の攻め手。手のひらでのどのあたりを押す技。「喉輪攻め」など。

□埴輪……（はにわ）　動物や人をかたどった粘土製の焼き物。古墳の周りに並べられた。

●「梅」を正しく読み分けてください。

□梅雨寒

〔つゆざむ〕　梅雨の時期の季節はずれの薄ら寒さ。「梅雨冷え」ともいう。なお、「露寒」は読み方は同じだが、意味はまったく違い、晩秋の露が霜に変わる頃の寒さを指す。

□梅桃

〔ゆすらうめ〕　バラ科の落葉低木。なお、梅も桜も、バラ科の植物。

□南高梅

〔なんこううめ〕　和歌山県みなべ町で生まれた梅の優良品種。昭和25年、今のみなべ町内の数十種の梅から優良品種を選んだ際、和歌山県の「南部高校」と、もともと「高田梅」と呼ばれていたことにちなんで、命名された名。

□探梅

〔たんばい〕　梅の花を探しながら、歩くこと。冬の季語で、まだ梅の花がほとんど咲いていない時期だから、梅の花を「探す」

ことになる。一方、「観梅」は見頃になった梅の花を観賞すること。こちらは、梅の花が咲いている時期だから、春の季語になる。

●「衣」を正しく読み分けてください。

□作務衣

□浴衣

□羽衣

□布衣

〔さむえ〕 禅僧が雑役（作務）のときに着る衣服。作業用の和服。×「さむい」。

〔ゆかた〕 木綿の単（ひとえ）の着物。夏のふだん着。後述するが、もとは入浴後に着たことから、こう書く。「浴衣掛け」など。

〔はごろも〕 天女が着て、空を飛んだと伝えられる鳥の羽でつくったという衣。「羽衣の舞」「羽衣伝説」など。

〔ほい〕 もとは、庶民が着る麻布製の衣服。転じて一般に紋の入っていない狩衣（かりぎぬ）。

□衣紋

（えもん）　和服の襟もと。「衣紋掛け」はハンガーのこと。今は、おもに和服用に使う言葉。「衣紋を繕う」は、（和服の）着崩れを直すという意味。

□衣被ぎ

（きぬかつぎ）　里芋を皮つきのままゆでたもの。

□衣擦れ

（きぬずれ）　着物が擦れ合うこと。また、それによって生じる音のこと。「衣擦れの音」など。

●「束」を正しく読み分けてください。

□不束

（ふつつか）　「束」の訓読みは「たば」と「つか」。これは「つか」の転で、意味は、行き届かないこと。「不束な娘ではございますが」など。

□装束

（しょうぞく）　「束」の音読みは「そく（ぞく）」。「装束」という言葉の意味は、服装、身支度のことで、白装束、黒装束、死に装束など。

□**束子**

〔たわし〕　台所用品。わらや棕櫚（しゅろ）などを束ねてつくり、鍋などを磨く道具。「亀の子束子」など。

□**束の間**

〔つかのま〕　ちょっとの間。「ほっとしたのも束の間」「束の間の出来事」など。

□**束ねる**

〔たばねる、つかねる〕　「たばねる」のほか、「つかねる」とも読み、「手を束（つか）ねる」は、傍観するという意味。

●「法」を正しく読み分けてください。

□**法度**

〔はっと〕　禁じられていること、禁制。また単に、法を意味する。「天下の御法度」「武家諸法度」「禁中並公家諸法度」など。

□**法被**

〔はっぴ〕　印半纏のこと。「法被姿の若い衆」などと使う。語源をめぐっては、古代、袖のない胴衣を意味した「半臂（はんぴ）」が訛ったという説がある。「半被」とも書く。

□法螺
（ほら）「法螺を吹く」で、大げさなでたらめをいうこと。吹くと大きな音の出る「法螺貝」に由来する言葉。

□法面
（のりめん）盛り土、切り土などでできた斜面。

□正法
（しょうぼう）正しい教え、仏法のこと。×「しょうほう」。『正法眼蔵（げんぞう）』など。

●「塩」を正しく読み分けてください。

□塩梅
（あんばい）物事の具合。もとは、塩かげん、味かげんのこと。「塩梅を見計らう」など。

□塩汁
（しょっつる）魚の塩漬けからつくる調味料。秋田県の特産品。「塩汁鍋」。

□手塩
（てしお）塩のことではなく、「小皿」のこと。「手塩にかける」は、自分で世話をして、慈（いつく）しみ育てること。「手塩にかけて育てた娘を手放す」など。

□天日塩

□塩干魚

●「希」を正しく読み分けてください。

□希有

□希う

□希臘

□希ガス類

〔てんじつえん〕 太陽熱・光で水分を蒸発させてつくる塩。×「てんびえん」。

〔えんかんぎょ〕 塩漬けにして干した魚のこと。

〔けう〕 文字どおりに読めば、「希(まれ)に有る」ことであり、そこから、めったにないという意味に。「希」を「け」と読む〝希有〟な例。

〔こいねがう〕 強く望むことの古風な言い方。「希(こいねが)くは」は、なにとぞ、という意味。「希くは、命あらんことを」など。

〔ギリシア〕 南欧の国のギリシアは、漢字ではこう書く。

〔きガスるい〕 大気中にごく微量に含まれている気体元素の総称。ヘリウム、ネオン、アルゴン、クリプトン、キセノン、ラドンの6種類を指す。なお、「希土類(きどるい)」は、産出量がごく少ない17の元素の総称。

●「利」を正しく読み分けてください。

□利け者

□利鎌

□利き酒

□利いた風

□利い

〔きけもの〕　才覚がある人。「当代きっての利け者」などと使う。

〔とがま〕　よく切れる鎌。「利鎌のような月」というと、その形から、三日月のことを指す。

〔ききざけ〕　酒を少量口にふくんでする鑑定。「聞き酒」とも書く。

〔きいたふう〕　わかってもいないのに、知ったかぶりするさま。「利いた風な口をきく」などと使う。「聞いた風」と書かないように。

〔するどい〕　頭が「するどい」意味を表すときに、まれにこう書くことがある。

●「陸」を正しく読み分けてください。

□陸釣り

□陸稲

□陸奥

□陸蒸気

□陸へ上がった河童

〔おかづり〕 川岸や堤防などからする釣り。

〔おかぼ〕 水田ではなく、畑で栽培する稲。「りくとう」とも読む。なお、田んぼで育てるのは「水稲」。

〔みちのく、むつ〕 「みちのく」は、今は、東北地方全体を指すことが多く、「みちのく」と平仮名で書くことが多い。「むつ」は、青森県の旧国名。こちらは漢字で書くことが多い。

〔おかじょうき〕 文明開化期の汽車の呼び方。

〔おかへあがったかっぱ〕 「りく」と読まないように。水の中が得意である河童が、不得意な陸（おか）へ上がったさまから、無力でどうしようもできないことのたとえ。

3 小学校5年で教わる漢字

●「素」を正しく読み分けてください。

□素封家

〔そほうか〕 金持ちのこと。もとは、領地（邦土）は持たないが、財産はある人のこと。「素」は、「す」と「そ」（ともに音読み）の読み分けが、面倒な漢字があり、一つずつ覚えるしかない。

□素のまま

〔すのまま〕 他のものが加わらず、そのものだけであること。素顔、素手、素足、素肌、素っぴん、素泊まり、素寒貧、素っ頓狂、素浪人も「す」と読む。×「そのまま」。

□素揚げ

□素性

□素唄

□素描

□素麺

□素っ首

□素案

〔すあげ〕 材料に衣をつけずに、油で揚げること。他に、食べ物では、素うどん、素甘（すあま）も、「す」と読む。

〔すじょう〕 血筋、家柄、生まれ育った環境。「氏素性」「素性を明かす」など。

〔すうた〕 伴奏や踊りのつかない唄。あるいは、三味線の伴奏だけで唄うこと。なお「唄」は2010年、常用漢字に採用され、新聞などでも使うようになった漢字。

〔そびょう〕 デッサン。鉛筆やコンテを使い、一色で物の形を表した絵。

〔そうめん〕 夏に食べる「そうめん」は、漢字ではこう書く。「索麺」とも書く。

〔そっくび〕 首のこと。「素っ首を差し上げる」など。

〔そあん〕 最終案を作るまえの大もとになる案。「叩き台とな

□素服

□素絹

□素点

□素より

□素面

□素人

る素案を作成する」など。

〔そふく〕白地の衣服。この「素」は白色を表し、昔は喪服を意味することもあった。

〔そけん〕粗末な絹。

〔そてん〕試験の成績のままの点数。これに「下駄」を履かせたりする。

〔もとより〕「素」の訓読みは「もと」で、「味の素」でおなじみ。「素より」の意味は、言うまでもなくで、「元より」「固より」とも書く。

〔しらふ〕酔っていないこと。「すめん」と読むと、素顔のこと。また、酔っていない顔のこと。

〔しろうと〕アマチュア、専門にしていない人。「ずぶの素人」など。

●「故」を正しく読み分けてください。

□何故

□故に

□物故

□故買

□故郷

〔なぜ〕 どうして、どういうわけで。「なにゆえ」とも読み、文語的な文章では、そう読んだほうがしっくりくる。「何故、かかる事態を招いたのか」など。

〔ゆえに〕 したがって。数学の証明問題で、「故に、A＝B」などと使う。一方、「故なし」は理由がないという意。

〔ぶっこ〕 「故」は、その人がすでに亡くなっていることを表す漢字で、「物故」は人が亡くなること。「物故者」「物故する」など。

〔こばい〕 盗品と承知しながら、買いとること。「盗品故買」など。

〔こきょう、ふるさと〕 生まれた土地。「故郷に錦を飾る」は、出世して故郷に帰るという意味。

●「雑」を正しく読み分けてください。

□雑木林

□雑兵

□雑人

□雑煮

□雑巾

□雑魚

〔ぞうきばやし〕 雑多な樹木が混じって生えている林。「雑木」だけだと「ざつぼく」とも読む。「雑」を「ざつ」と読むのは慣用音で、「ぞう」は呉音。

〔ぞうひょう〕 身分の低い兵卒。そこから、組織の下っ端を意味する。「雑兵扱いされる」など。

〔ぞうにん〕 身分の低い者、下賤の者。

〔ぞうに〕 正月に食べる餅入りの汁物。「雑炊(ぞうすい)」は、おじやのこと。

〔ぞうきん〕 床などを拭く布。「雑巾掛け」は比喩的に下っ端仕事をすることで、「雑巾掛けから始める」などと使う。

〔ざこ〕 雑多な小魚。比喩的に、大物に対する小物を意味し、「雑魚の魚(とと)まじり」「捕まえたのは雑魚ばかり」などと使う。

□**罵詈雑言**

〈ばりぞうごん〉　ひどい悪口。「罵詈雑言を浴びせる」が定番の使い方。「罵る」と同様、「詈る」も、「ののしる」と訓読みする。

□**雑賀一族**

〈さいかいちぞく〉　戦国時代、織田信長に抵抗した紀州を根城とした一族。

●「敵」を正しく読み分けてください。

□**敵役**

〈かたきやく〉　憎まれる立場の人。敵討ち、商売敵、恋敵、碁敵も、「敵」を「かたき（がたき）」と読む。「仇役」とも書く。

□**敵し難い**

〈てきしがたい〉　とてもかなわず、張り合うこともできないさま。なお、「敵する」は「てきする」と読み、敵対すること。「適する」と取り違えないように。

□**敵わない**

〈かなわない〉　匹敵できない。やむを得ない。「とても敵わない相手」「暑くて敵わない」などと使う。

□匹敵

〔ひってき〕 肩を並べるさま、つりあうさま。「実力は匹敵する」など。

□敵本主義

〔てきほんしゅぎ〕 「敵本」は「敵は本能寺にあり」を縮めた言葉で、「敵本主義」は、他の目的があると見せかけて、急に本来の目的を目指すこと。

□素敵

〔すてき〕 心ひかれるほど、すばらしいさま。「素敵なお話」など。

●「眼」を正しく読み分けてください。

□開眼

〔かいげん、かいがん〕 「かいげん」は、仏教で悟りを開くこと。あるいは、芸事で、奥義をつかむこと。一方、「かいがん」と読むと、視力を回復させることで、「開眼手術」などと使う。

□血眼

〔ちまなこ〕 血走っている目。「血眼になる」は、必死になるという意味。「血眼になって探す」など。

□寝ぼけ眼

〔ねぼけまなこ〕 寝ぼけて、ぼんやりした目つき。他に、「団栗眼」は、くりくりした丸い眼。「蚤取り眼」は、蚤を取るときのように、とり逃さないように集中し、気を配ってみる目つき。以上、いずれも「まなこ」と読む。

□慈眼

〔じげん〕 衆生を慈悲深い心で見る仏の眼。「慈眼大師」は、徳川家康のブレーンだった天海の諡号。

□眼差し

〔まなざし〕 目つき。「母親のやさしい眼差し」など。「目差し」と書くこともある。

●「居」を正しく読み分けてください。

□居士

〔こじ〕 男性の戒名の下につける称。また、一言居士、謹厳居士、慎重居士など、人の性格を表す語としても使う。なお、「居士」がもともと〝男性用〟の言葉なので、「一言居士」などを女性に対して使うのはおかしい。

□居候

□居待の月

□居飛車

□鴨居

□長居

□円居

〔いそうろう〕　人の家で養ってもらっている者。「居候四角い部屋を丸く掃き」「居候三杯目にはそっと出し」など、有名な川柳の主役。

〔いまちのつき〕　陰暦18日の月。夜、やや遅い時間にのぼることから、「座って待つ（居待）頃に出る月」という意。

〔いびしゃ〕　将棋の戦法のひとつで、飛車を最初の位置から動かさない指し方。

〔かもい〕　障子や引き戸を動かすため、その上方にある横木。なお、床に近いところにある横木が「敷居」。

〔ながい〕　長時間、居ること。「長居は無用」「とんだ長居をいたしまして」などと使う。

〔まどい〕　もとは、人々が輪を描くように円く居ること、つまりは車座（くるまざ）になって座ること。そこから、やがて「団欒（だんらん）」という意味が生じた。

□留守居 〈るすい〉 留守番。「江戸留守居役を務める」など。

●「団」を正しく読み分けてください。

□団扇 〈うちわ〉 扇(あお)いで、風を起こす道具。「左団扇」は、安楽な暮らしのたとえ。

□団栗 〈どんぐり〉 クヌギ、カシ、ナラなどの実の総称。「団栗の背比べ」など。この「団」には丸いという意味があり、「とん」と読むのは唐音。

□団亀 〈どんがめ〉 スッポンの異称。足の遅い者の代名詞としても使われる言葉。

□布団 〈ふとん〉 寝るときに使うふとんのこと。「蒲団」とも書く。

□水団 〈すいとん〉 小麦粉の団子入りの汁。戦後の食糧不足の時期によく食べられた。

□炭団

（たどん）　炭から作る球状の燃料。相撲界では、番付表の〝黒丸〟に似ていることから、黒星を意味する。

●「舎」を正しく読み分けてください。

□田舎

（いなか）　都会から離れた地方。あるいは、故郷のこと。「片田舎」「田舎芝居」「田舎に帰る」など。

□舎人

（とねり）　律令制の下級官人。その古い言葉が、東京・日暮里発の「舎人ライナー」の名に使われている。

□学舎

（まなびや）　学校の建物のことで、校歌によく登場する言葉。「がくしゃ」とも読む。

□舎弟

（しゃてい）　もとは、実の弟のことも意味したが、今は「弟分」を意味することが多い言葉。対義語は「舎兄」だが、ほとんど使われない。

●「得」を正しく読み分けてください。

□得物

□得体

□得手勝手

□大見得を切る

□ごね得

〔えもの〕（得意な）武器。「獲物」とは意味の違う言葉なので注意。「獲物を前にして、得物を手にする」のように使うことになる。

〔えたい〕 正体、本性のことで、「得体が知れない人物」など。

〔えてかって〕 わがまま。「得手勝手な真似は許されない」などと使う。

〔おおみえをきる〕 俳優（とくに歌舞伎役者）が目立った表情、姿勢をすること。そこから、大きなことをいって、自信のほどを示すことの意味に。「あんな大見得を切って、大丈夫なのかね」など。

〔ごねどく〕 ごねた結果、得をすること。「明らかに、ごね得を狙ったクレーム」など。

●「河」を正しく読み分けてください。

□河岸

□河豚

□河童

□懸河の弁

（かし、かわぎし、かがん） 3通りの読み方があり、意味が微妙に違う語。まず、「かし」と読むと、魚河岸を指すことが多いが、「河岸をかえる」というと、「(飲んでいる店など）場所をかえる」という意味。「かわぎし」は川の岸。「かがん」は地質学で使うことが多い読み方で、「河岸段丘」など。

（ふぐ） 内臓などに毒のある魚。海の魚だが、こう書く。

（かっぱ） 頭の上に皿のある空想上の生き物。「河童の川流れ」は、達者な者も、ときには失敗するという意味。「屁の河童」は、ごくたやすいこと。

（けんがのべん） 「懸河」は流れの急な川のことで、「懸河の弁」はその水の流れのように、淀みのない話し方という意。「懸河の弁をふるう」など。

●「過」を正しく読み分けてください。

□**過払い**
〔かばらい〕 利子、代金、給料などを払いすぎること。「消費者金融に対する過払い金返還請求訴訟」など。

□**過ち**
〔あやまち〕 失敗、過失。「過ちを犯す」というと、男女の不倫関係に使うことが多い。「誤ち」は間違った書き方。

□**過年度**
〔かねんど〕 過去の年度。おもに、会計年度に関して使う。

□**過ぎ来し方**
〔すぎこしかた〕 過去。「過ぎ来し方に思いを馳せる」など。

□**看過**
〔かんか〕 見過ごす、見逃すこと。おもに「看過できない」と否定形で使う。

●「許」を正しく読み分けてください。

□**許嫁**
〔いいなずけ〕 婚約者。子どもが幼い頃から、親同士が結婚さ

□幾許

□足許

□お手許

□親許

せる約束をすること。その相手。「許婚」とも書く。古語の動詞「言ひ名付く」が名詞化した語。

〈いくばく〉 若干、数量が多くないさま。「幾何」とも書く。「余命、幾許もない」は、残す命がいくらもないことで、危篤状態を意味する言葉。

〈あしもと〉 足のまわり。「足元」「足下」とも書く。「足許が明るいうちに」「足許に火がつく」「足許がおぼつかない」などと使う。

〈おてもと〉 箸のこと。箸袋にこう書いてあることは、ご承知だろう。他に、体関係では、口許、耳許、目許、身許も「もと」と読む。

〈おやもと〉 親の暮らすところのことで、「親許へ帰る」など。「親元」とも書く。なお、「国許」は、故郷、あるいは本国、領地のこと。

●「現」を正しく読み分けてください。

□現人神
□現高
□現の証拠
□現生
□夢現

〈あらひとがみ〉 「人の姿で現れた神」という意味。戦前は、天皇のことをこう呼んだ。

〈げんだか〉 現在高のこと。帳簿、預金通帳などに関して使う。

〈げんのしょうこ〉 生薬の材料となる野草のゲンノショウコは、漢字ではこう書く。下痢止めとしてよく効くところから、植物としては珍しい名がついたとみられる。

〈げんなま〉 俗語で、現金のこと。「現生を出せ」など。今は「現なま」と書くことが多い。

〈ゆめうつつ〉 「現」は「うつつ」とも訓読みする。「夢現」は、夢か現実かはっきりしない状態。また、「現身(うつせみ)」は、この世に存在している身のこと。

●「銭」を正しく読み分けてください。

□銭金

□日銭

□銭亀

□天保銭

□寺銭

〔ぜにかね〕 金銭、損得。「ゼニカネ」と、〝訓訓読み〟にする。「最後は、銭金の話でしょ」などと使い、下世話な語感のする語。

〔ひぜに〕 毎日、入ってくる金。「日銭を稼ぐ」「日銭商売」など。他に、身銭や泡銭は「ぜに」と読む。「銭」が熟語の後ろについて「ぜに」と読むのは、この3語くらい。

〔ぜにがめ〕 イシガメの子。なお、銭苔は「ぜにごけ」と読む。

〔てんぽうせん〕 江戸時代の銅銭。「銭」の音読みは「せん（ぜん）」で、釣り銭、煙草銭、無銭、湯銭、渡し銭、賽銭、小遣い銭、銅銭などは「せん」と読む。

〔てらせん〕 湯桶読みにする。博打などで、場所の借り賃などとして、胴元に払う金のこと。

●「築」を正しく読み分けてください。

□築地塀

□築山

□築堤

□築港

□築〇年

〔ついじべい〕 泥土を固めて作り、瓦屋根を設けた塀。なお、「築地」を「つきじ」と読むと、埋め立て地のこと。東京の中央卸売市場があった地名でもある。「築地本願寺」など。

〔つきやま〕 庭石や土を盛って、庭に築いた小山。なお、「築山殿」は徳川家康の正室。現在の岡崎市の築山（地名）に住んだことから、この名で呼ばれる。

〔ちくてい〕 堤防を築くこと、その堤防。「築堤工事」など。なお、「築庭」も同じ読み方で、こちらは庭園を築くこと。

〔ちっこう〕 港を築くこと、築いた港。大阪市港区の地名でもある。

〔ちく〇ねん〕 建築からの年数を表す語。「築20年のアパート」など。

●「独」を正しく読み分けてください。

□独り

□独活

□独楽

□独擅場

〔ひとり〕「一人」とはニュアンスが違い、「独り」と書くと孤独、単独という意味合いが加わる。独りぼっち、独り善がり、独り言、独り歩き、独り合点、独り占め、独り舞台などは、「独り」を使ったほうがしっくりくる。

〔うど〕若い茎を食べる山菜の一種。「独活の大木」は、体が大きいばかりで、役に立たない人のこと。

〔こま〕回して遊ぶおもちゃ。なお、コマネズミは、漢字では「独楽鼠」と書く。

〔どくせんじょう、どくだんじょう〕その人だけが活躍できる場のこと。本来は「どくせんじょう」と読むが、今は「どくだんじょう」と読む慣用読みが主流になった言葉。それに応じて、書き方も本来の「独擅場」から「独壇場」とも書くようになった語。なお、「擅」には「ほしいまま」という訓読みがある。

●「非」を正しく読み分けてください。

□非ず

□前非

□是非

□理非

□非道い

〈あらず〉 そうではない、違うという意。「さに非ず」は、そうではないという意味。

〈ぜんぴ〉 過去に犯したあやまち。「前非を悔いる」などと使う。

〈ぜひ〉 物事のよしあし。「是非に及ばず」はしかたがない、「是非もない」はやむをえないという意。

〈りひ〉 道理にかなっていることとはずれていること。「理非曲直」も同様の意味で、「理非曲直を正す」などと使う。

〈ひどい〉 ひじょうに残酷であるさま、程度が悪いさま。ふつうは「酷い」と書くが、非道であるというニュアンスを強めるため、「非道い」と書かれることもある。

4 小学校6年で教わる漢字

●「若」を正しく読み分けてください。

□若輩

□若干

□般若

（じゃくはい）「若」の音読みは、「じゃく」と「にゃく」。これは「じゃく」と読み、意味は年若いことで、「若年（じゃくねん）」と同じ意味。「弱輩」とも書く。

（じゃっかん）いくらか、多少。「若干名、募集する」などと使う。これを「わかせん」と読むのはよくネタにされる誤読だが、そう読む人も実在するよう。

（はんにゃ）大きく口の裂けた鬼女。「般若のような恐ろしい

□若し（もし） 仮定するときに使う副詞。「若しくは」「若しも」「若しや」「若しか」は「もし」と読む。

□神色自若（しんしょくじじゃく） 何事にも動じないさまで、「泰然自若」と同じ意味。

□傍若無人（ぼうじゃくぶじん） 他の人を無視し、勝手気儘にふるまうさま。「傍らに人無きが若し」という意味。

□老若男女（ろうにゃくなんにょ） こちらの四字熟語は「若」を「にゃく」と読み、すべての人々のこと。老いも若きも男も女も、という意味。

□杜若（かきつばた） アヤメ科の多年草。「いずれ菖蒲か杜若」など。

●「己」を正しく読み分けてください。

□知己（ちき） 「己」は、「き」と「こ」の読み分けが難しい漢字。「知己」は知り合いのことで、「十年の知己の如く」「知己を得る」などと使う。

□克己

〔こっき〕 意志の力で、欲望や邪念に打ち克(か)つこと。「克己心を養う」など。

□自己

〔じこ〕 自分、おのれ。「自己責任」「自己管理」など。

□利己

〔りこ〕 自分ひとりの利益をはかること。「利己主義」「利己的」など。

□己をまげる

〔おのれをまげる〕 「己」の訓読みは「おのれ」で、「己をまげる」は自分の信念を捨て、節(せつ)をまげること。他に、「己を虚(むな)しゅうする」も「おのれ」と読む。

□己が自

〔おのがじし〕 「己」は「おの」とも読み、「己が自」は、めいめい、各自という意味。

●「権」を正しく読み分けてください。

□**権現**

□**権大納言**

□**権幕**

□**権勢**

〔ごんげん〕　「権」は、「けん」が漢音で、「ごん」が呉音。「権」には「かり」という意味があり、「権現」は、仏がさまざまな姿で、かりに現れること。「権現様」は徳川家康の尊称。

〔ごんだいなごん〕　大納言に次ぐ地位。「権」は役職名として使われるときは、「次」という意味。

〔けんまく〕　怒った恐ろしい顔つきや態度。「剣幕」「見幕」とも書く。一説には「険悪」がなまった語に、当て字したものといわれる。

〔けんせい〕　権力を握り、勢力があるさま。「権勢をふるう」など。

●「灰」を正しく読み分けてください。

□降灰

□護摩の灰

□藁灰

□灰汁

□灰燼

〈こうかい〉「灰」は、音読みが「かい」で、訓読みが「はい」。漢熟語は「かい」と読むことが多く、「降灰」は火山灰が降ること。灰分（かいぶん）、灰白色（かいはくしょく）、石灰（せっかい）、生石灰（せいせっかい）、消石灰（しょうせっかい）は、「かい」と読む。

〈ごまのはい〉昔、旅人の金品を盗んだ泥棒。「護摩の蝿」ともいう。

〈わらばい〉藁を燃やして作った灰。肥料になる。

〈あく〉もとは、野菜などに含まれる渋みのことで、「灰汁をとる」など。そこから、どぎつい個性を意味し、「灰汁が強い」などと使う。この語を「悪が強い」と書かないように。

〈かいじん〉灰とちり。「灰燼に帰す」は、焼けて、あとかたもなくなること。

●「乳」を正しく読み分けてください。

□**乳離れ**
□**乳飲み子**
□**乳兄弟**
□**乳母車**
□**乳母日傘**

（ちばなれ）「乳」は、意外に「ち」と読むことが多いので注意。「乳離れ」は、乳児が成長し、離乳すること。比喩的に、成長して精神的に自立し、一人前の大人になることを意味する。「ようやく乳離れする」など。

（ちのみご） 乳児、赤ん坊のこと。「乳を飲む頃の子ども」という意味。

（ちきょうだい） 血はつながっていないが、同じ乳で育った者同士。昔は、乳母に育てられたり、母親の乳が出ないときにもらい乳をすることがあったので、「乳兄弟の関係」となる者が多かった。

（うばぐるま） ベビーカーのこと。

（おんばひがさ） 大事に育てられること。乳母に抱かれ、日傘を差しかけられて育つという意味。「おんば」は「おうば」がなまった言葉。

●「紅」を正しく読み分けてください。

□**紅蓮**

〔ぐれん〕 真紅。もっぱら、「紅蓮の炎」という形で使い、これはあかあかと燃え盛る炎。「紅蓮」は、もとは文字どおり、紅色の蓮の花のこと。

□**紅をさす**

〔べにをさす〕 口紅、頬紅をつけること。「紅」一字の場合、「くれない」とも読むので、言葉によってきちんと読み分ける必要がある。

□**紅絹**

〔もみ〕 紅色で、無地の絹布のこと。紅花（べにばな）をもんで染めることから、この名がある。「紅」一字だけでも「もみ」と読むことがある。

□**紅葉**

〔こうよう、もみじ〕 「こうよう」は、木の葉が赤く変色すること。「もみじ」はカエデの別名。こちらは、「紅葉を散らす」「紅葉狩り」「紅葉卸ろし」などと使う。

●「詞」を正しく読み分けてください。

□**詞書き**

□**掛け詞**

□**枕詞**

□**台詞**

□**祝詞**

〔ことばがき〕 絵巻物の説明文（絵詞〔えことば〕）や、和歌の前書きを表す語。

〔かけことば〕 和歌などで使うひとつの言葉に二つの意味をもたせる技法。「懸け詞」とも書く。

〔まくらことば〕 和歌で、特定の言葉に対して使う修飾語。比喩的に、いつも同じ前置きを使うことを「枕詞のように使う」などという。

〔せりふ〕 俳優が舞台などでいう言葉。「科白」とも書く。

〔のりと〕 神主が神に祈り、述べる言葉。「祝詞を読み上げる」など。

□女房詞　〈にょうぼうことば〉 平安時代などで、女官が用いた言葉。

●「盛」を正しく読み分けてください。

□盛者　〈じょうしゃ〉 「しょうじゃ」と読まれがちだが、辞書は「じょうしゃ」を見出し語にしている。「盛」が上について「じょう」と読む語は、これくらい。意味は、勢いの盛んな者。「盛者必衰の理(ことわり)をあらわす」という『平家物語』冒頭の一節で有名な熟語。

□盛り菓子　〈もりがし〉 かごなどに盛った菓子。あるいは、山形に盛って、神仏に供える菓子もこう呼ぶ。

□泡盛　〈あわもり〉 沖縄特産の焼酎。造るときに、泡のようになって盛り上がるところから、この名になったという。

□繁盛　〈はんじょう〉 にぎわい、栄えること。「商売繁盛」「大繁盛」など。「繁昌」とも書く。

●「厳」を正しく読み分けてください。

□荘厳

□華厳

□厳か

□厳しい

□厳めしい

〔そうごん〕　おごそかなこと。「厳」には「げん」と「ごん」の二つの音読みがあり、これは「ごん」と読む珍しい例。

〔けごん〕　もとは、菩薩の修行の完成を「華」にたとえた言葉。そこから、「華厳経」「華厳宗」「華厳滝」など。

〔おごそか〕　「厳」は訓読みの多い漢字で、これはいかめしく重々しいさま。

〔きびしい〕　はげしい。厳格な。「厳しい暑さ」など。

〔いかめしい〕　送り仮名に「め」がはいると、こう読む。立派で近寄りがたいさま、ものものしいさま。「厳めしい表情」「厳めしい警備」など。

●「片」を正しく読み分けてください。

□片貿易

□札片

□一片

□半片

〈かたぼうえき〉 片方の国が、輸入超過、あるいは輸出超過でどちらかに片寄った貿易。「片貿易では、長続きしない」など。

〈さつびら〉 紙幣。「札片を切る」は、大金を惜しげもなく使うさま。この「片（びら）」は、薄い物を表す語。

〈ひとひら、いっぺん〉 花や雪など、〝優雅なもの〟を形容する場合には、「ひとひら」と読み、「一片の花びら」「一片の雪」など。一方、抽象的な熟語につくときは「いっぺん」と読み、「一片の良心もない」「一片の氷心」（清く澄みきった心境のこと）などと使う。

〈はんぺん〉 魚のすり身をゆでて作る食べ物。駿河の料理人、半平が創案したので、この名になったと伝えられる。また、「1枚の半分」という意味で使われることもある。

2

知性が問われる教養漢字〈初級編〉

●まずは基本の漢字で肩ならし。すべて読めますか？

□工面　金銭・品物をやりくりしてそろえること。（くめん）
□省みる　ふり返ってよく考える。反省する。（かえりみる）
□境内　境界より内側のこと。また、神社や寺院の境域の内。（けいだい）
□無造作　気軽なこと。慎重でないこと。「無造作に包む」など。（むぞうさ）
□経る　時が経つ。通過する。手続きをふむ。「審査を経て採用される」など。（へる）
□頂　ものの一番高いところ。山頂。「塔の頂から見わたす」など。（いただき）
□兆し　物事が起きることの前ぶれ。兆候。「ブームの兆し」など。（きざし）
□出納　金銭や物品を出し入れすること。収入と支出。「出納帳」など。（すいとう）
□風情　味わい。情趣。また、様子、ありさま。「風情ある眺め」など。（ふぜい）
□強いる　相手の気持ちを無視して、無理にさせる。（しいる）
□解熱　異常に高くなった体温を下げること。「効果的な解熱法」など。（げねつ）
□速やか　早いさま。「速やかに策を講ずる」など。（すみやか）

□**障る**　さまたげとなる。差し支える。害になる。「徹夜は体に障る」など。〔さわる〕

□**日和**　空模様。その事をするのに都合のよい天候。「行楽日和」など。〔ひより〕

□**平生**　ふだん。いつも。日頃から。「平生とは態度が異なる」など。〔へいぜい〕

□**熟れる**　果実が熟すること。「よく熟れたバナナ」など。〔うれる〕

□**会得**　意味をよく理解して自分のものとすること。〔えとく〕

□**辺り**　そのへんの場所。付近。「店は新宿辺りにある」「辺り構わず」など。〔あたり〕

□**納屋**　主に農家などで物を納めておく小屋。「農具を納屋にしまう」など。〔なや〕

□**支度**　準備。用意。「支度は整った」「食事の支度をする」など。〔したく〕

□**木綿**　ワタの種子に付いている繊維を加工したもの。コットン。〔もめん〕

□**音色**　音の感覚的な特性のこと。「音色の変化を楽しむ」など。〔ねいろ〕

□**易しい**　単純で理解しやすいこと。「易しい問題」など。〔やさしい〕

□**詩歌**　漢詩、和歌、俳句、詩などの総称。〔しいか〕

□**弱音**　意気地のない言葉。弱々しい言葉。「弱音を吐く」など。〔よわね〕

□**映える**　光を受けて輝く。引き立って見える。〔はえる〕

□上背　身長。背が高いという意味を込めて使うことが多い。〔うわぜい〕

□一対　二つそろって一組になるもの。「一対の夫婦茶碗」など。〔いっつい〕

□解毒　体内の毒を取り除いたり、毒性の低い物質に変えること。〔げどく〕

□鋼　鋼鉄のこと。強靭さも意味する。「鋼の肉体」「鋼のように強い」など。〔はがね〕

□行脚　僧が各地を巡り歩くこと。ある目的で各地を巡ること。〔あんぎゃ〕

□採る　多くの中から選んで決める。採用する。「決を採る」など。〔とる〕

□意気地　物事をやりとげようとする頑張りや気力。〔いくじ〕

□画策　ひそかに計画をめぐらすこと。また、その計画。〔かくさく〕

□雲間　雲の切れ目。雲の間から見える青空。「雲間に沈む太陽」など。〔くもま〕

□治める　国や地域を統治すること。病気を治す意味も。〔おさめる〕

□専ら　主に。ひたすら。「専らの評判だ」など。〔もっぱら〕

□海原　ひろい海。この「原」は「平らで広い」という意。〔うなばら〕

□万人　多くの人。すべての人。「万人に愛される」など。〔ばんにん〕

□赤銅色　赤銅のように暗い赤茶色のこと。日焼けした肌。〔しゃくどういろ〕

●スラスラ読みたい基本の漢字です。

□**再来年**　次の次の年。「再来年の今ごろは何をしているだろう」など。〈さらいねん〉

□**指図**　他の者に物事を指示すること。「君の指図は受けない」など。〈さしず〉

□**光明**　明るい光。苦しい状況での希望や明るい見通し。〈こうみょう〉

□**遊説**　主に政治家が各地を演説してまわること。〈ゆうぜい〉

□**一朝一夕**　わずかな期間。「一朝一夕には難しい」など。〈いっちょういっせき〉

□**吹雪**　強風で雪が乱れ飛びながら降ること。〈ふぶき〉

□**健やか**　体が丈夫で、健康なこと。「健やかに成長する」など。〈すこやか〉

□**暴露**　悪事や秘密をあばいて明るみに出すこと。〈ばくろ〉

□**目深**　帽子などを目が隠れるほど深くかぶる様子。〈まぶか〉

□**殺生**　生き物を殺すこと。むごいこと。「無益な殺生」など。〈せっしょう〉

□**母屋**　「離れ」に対して、敷地内の中心となる建物。〈おもや〉

□**真紅**　濃いくれない色のこと。「深紅」も同じ。「真紅の花びら」など。〈しんく〉

□**安易** わけなくできる、たやすいこと。「安易な考え」など。〔あんい〕

□**終息** 物事が終わり、やむこと。〔しゅうそく〕

□**重宝** 便利で役に立つこと。〔ちょうほう〕

□**野に下る** 官職を辞して民間の生活をすること。×「の」。〔やにくだる〕

□**行方** 今後の成り行き。行き先。「行方を占う」「金融政策の行方」など。〔ゆくえ〕

□**奥義** 学問や武芸などの最も重要な事柄。「剣の奥義」など。×「おくぎ」。〔おうぎ〕

□**便乗** 人の乗り物に相乗りする。機会をとらえて利用する。〔びんじょう〕

□**重複** 重なること。〔ちょうふく〕

□**渋滞** 動きが止まって滞ること。×「しぶたい」。〔じゅうたい〕

□**憎悪** 心の底から憎むこと。「憎悪の念を抱く」など。〔ぞうお〕

□**一段落** 区切りがついて片づくこと。×「ひとだんらく」。〔いちだんらく〕

□**音頭** 民族舞踊・歌の一種。「音頭を取る」など。〔おんど〕

□**外科** 手術を行う医療分野。「整形外科」「外科治療」など。〔げか〕

□**極意** 学問や技芸で、核心となる重要な事柄。〔ごくい〕

□**的外れ**　肝心なところをはずしていること。　**〔まとはずれ〕**

□**百葉箱**　気象観測用の白い木箱。「ひゃくようばこ」とも読む。**〔ひゃくようそう〕**

□**月代**　まげの男性が額から頭の中央にかけて、髪の毛を剃ったところ。**〔さかやき〕**

●キチンと覚えておきたい漢字です。

□**強引**　力づくに無理強いすること。　**〔ごういん〕**

□**素っ気ない**　淡々としていて愛想がないこと。　**〔そっけない〕**

□**科をつくる**　女性がなまめかしい様子をすること。　**〔しなをつくる〕**

□**沢山**　数が多いこと。×「さわやま」。　**〔たくさん〕**

□**声高**　大きな声のこと。「声高に唱える」など。×「こえだか」。　**〔こわだか〕**

□**風体**　服装を含めた身なりのこと。「怪しからぬ風体」など。　**〔ふうてい〕**

□**亜流**　二番煎じのこと。この「亜」は「次ぐ」という意味。　**〔ありゅう〕**

□**対語**　対照的な意味の言葉。対義語。　**〔ついご〕**

□**家屋**　人が住むための建物のこと。　**〔かおく〕**

□益もない　ムダであること。「えき」と読まないこと。（やくもない）

□極上　きわめて上等なこと。「極上の一品」など。（ごくじょう）

□絵画　絵のこと。「画」と一緒になると「絵」を「かい」と読む。（かいが）

□外為　外国為替（かわせ）の略。「外為市場」など。（がいため）

□毒舌　皮肉。この「舌」は話すという意味。「毒舌を吐く」など。（どくぜつ）

□磁石　磁力を持つ金属。「石」と書いても金属から作られる。（じしゃく）

□懐かしい　かつて親しんだ人や物を思い出し、心ひかれる。（なつかしい）

□彩る　色鮮やかに飾ること。×「あやどる」。（いろどる）

□反る　後ろに曲がること。「かえる」とも読む。（そる）

□興ずる　面白がって楽しむこと。×「こうずる」。（きょうずる）

□失せる　消えること。失われること。「気力が失せる」など。（うせる）

□虚をつく　相手の隙につけこむこと。（きょをつく）

□伴う　一緒に連れ立つこと。「妻を伴う」「危険を伴う」など。（ともなう）

□質す　質問して確かめること。「真偽を質す」など。（ただす）

□**利く**　しっかりとした働きをすること。「鼻が利く」「小才が利く」。〔きく〕

□**競る**　勝つために競い合うこと。〔せる〕

□**説く**　話してわからせること。「道を説く」「法を説く」など。〔とく〕

□**諭す**　わかるように教え、言い聞かせること。「懇々と諭す」など。〔さとす〕

□**集う**　寄り集まること。「集まる」と混同しないように。〔つどう〕

□**長ける**　すぐれている。「人事に長けた経営者」など。〔たける〕

□**牛耳る**　組織を仕切ること。「組織を牛耳る」など。〔ぎゅうじる〕

□**頭が高い**　目上の人に対する横柄な態度。×「あたまが高い」。〔ずがたかい〕

□**紛れる**　混じり合い見分けがつかなくなる。「どさくさに紛れる」。〔まぎれる〕

□**真に受ける**　本当だと思うこと。×「しん」。〔まにうける〕

□**真に迫る**　リアルに見えるさま。「真に迫る演技」など。〔しんにせまる〕

□**音をあげる**　意気地のない言葉を吐くこと。×「おと」。〔ねをあげる〕

□**親身**　温かい心づかいをすること。「親身になって世話する」など。〔しんみ〕

●自信をもって使いこなしたい漢字です。

□土産　旅先で買った贈り物。「手土産」など。〈みやげ〉

□火傷　火や熱湯に皮膚がふれ、焼けただれた傷。〈やけど〉

□動もすると　どうかすると、そうなりそうだという意。〈ややもすると〉

□腹黒い　心の中で悪いことを考えること。〈はらぐろい〉

□極寒　ひじょうに寒いこと。「極寒の地」など。×「きょっかん」。〈ごっかん〉

□根をつめる　休みもせず働き続けるさま。×「ね」。〈こんをつめる〉

□建立　寺院などを建てること。〈こんりゅう〉

□所作　振る舞いのこと。「美しい所作」など。×「しょさく」。〈しょさ〉

□異形　ふつうとは違った姿形。「異形の者」など。×「いけい」。〈いぎょう〉

□紙一重　ほんのわずかな差、違い。「紙一重の差で勝った」など。〈かみひとえ〉

□腕利き　技量がすぐれている者。腕が立つこと。「腕利きの探偵」。〈うできき〉

□奏でる　楽器を演奏すること。「そうでる」と読まないように。〈かなでる〉

□**真っ向**　真正面のこと。「真向かい」は「まむかい」。（**まっこう**）

□**使役**　人や動物をこき使うという意。（**しえき**）

□**手綱**　馬に乗るために轡（くつわ）につける綱。「手綱をとる」など。（**たづな**）

□**柔和**　やさしくおとなしいさま。「柔和な表情」。×「じゅうわ」。（**にゅうわ**）

□**虚しい**　中身がなくて空っぽなさま。（**むなしい**）

□**労役**　体を使ってする仕事。「労役に服する」など。（**ろうえき**）

□**温床**　ある風潮や傾向が生まれやすい環境。「悪の温床」など。（**おんしょう**）

□**健気**　心がけや態度がよいこと。「健気な子ども」など。（**けなげ**）

□**成敗**　罪人などを処罰すること。「悪を成敗する」など。（**せいばい**）

□**玄人**　その道に熟達した専門家。「玄人はだし」など。（**くろうと**）

□**山車**　華やかに飾った祭事用の車。（**だし**）

□**師走**　十二月の別の言い方。（**しわす**）

□**験がよい**　縁起がよいこと。「けん」ではない。（**げんがよい**）

□**究める**　深く研究し、物事の本質をつかむこと。「道を究める」。（**きわめる**）

□**礼賛**　ほめたたえること。×「れいさん」。（らいさん）

□**古文書**　昔のことが記された古い文書。×「こぶんしょ」。（こもんじょ）

□**福音**　よい知らせ。×「ふくおん」。（ふくいん）

□**言質**　あとで証拠となる言葉。「言質をとる」など。×「げんしち」。（げんち）

□**手応え**　働きかけたときに返ってくる反応。（てごたえ）

□**身を粉にする**　体を使って懸命に働くこと。×「こな」。（みをこにする）

□**戒める**　禁止する。注意する。×「いさめる」。（いましめる）

□**産声**　子どもが生まれて初めてあげる声。（うぶごえ）

□**なす術がない**　どうしようもなく困り果てている状態。（なすすべがない）

□**月極**　決められた月額で契約すること。×「げっきょく」。（つきぎめ）

□**相半ばする**　二つのものが同じぐらいであるさま。（あいなかばする）

□**性に合う**　性格や好みが合うこと。（しょうにあう）

□**清水焼**　京焼の一派。×「しみずやき」。（きよみずやき）

□**称える**　立派だとほめること。「讃える」とも書く。（たたえる）

●誤読が危険な漢字です。

□**角隠し**　花嫁の髪をおおう白いかぶり物のこと。〈つのかくし〉

□**読経**　声を出してお経を読むこと。×「どっきょう」。〈どきょう〉

□**甲高い**　声や音の調子が、高くするどい。「甲高い声」など。〈かんだかい〉

□**分が悪い**　自分にとって形勢が悪いさま。〈ぶがわるい〉

□**一丸**　一つにかたまること。「一丸となって戦う」など。〈いちがん〉

□**白夜**　高緯度地域でみられる夜でも明るい空。「はくや」とも読む。〈びゃくや〉

□**解せない**　理解できない。納得いかない。×「かいせない」。〈げせない〉

□**静脈**　毛細血管から血液を心臓へ運ぶ血管。「静脈注射」など。〈じょうみゃく〉

□**生え抜き**　組織に最初から属して、現在に至っている人。〈はえぬき〉

□**非力**　腕力や能力など、力が弱いこと。「非力な総理」など。〈ひりき〉

□**三十路**　三十歳。「三十路にさしかかる」など。〈みそじ〉

□**総帥**　全軍を率いる総大将。大きな組織を束ねる人。〈そうすい〉

□道産子　もとは、北海道産の馬。比喩的に北海道生まれの人。（どさんこ）

□御用達　宮中に納めることを認められた商人やその品。（ごようたし）

□久遠　かなり遠いという意。「久遠の理想」など。（くおん）

□金看板　世間に堂々と掲げる立場や主張。「金看板を掲げる」。（きんかんばん）

□客死　旅の途中で死ぬこと。（かくし）

□生一本　混じりけがなく純粋なこと。×「なまいっぽん」。（きいっぽん）

□直向き　物事に熱中するさま。「直向きに働く」など。（ひたむき）

□好事家　風流なことを好む人。（こうずか）

□清々しい　爽やかで気持ちがいいこと。「清々しい季節」。（すがすがしい）

□門跡　皇族や貴族が出家して暮らした寺院。（もんぜき）

□今生　この世のこと。「今生の別れ」など。（こんじょう）

□御利益　神や仏が人に与える利益のこと。×「ごりえき」。（ごりやく）

□行灯　中に油入りの皿を入れて火を灯す照明用の道具。（あんどん）

□十二単　平安時代の女官・女房の装束。（じゅうにひとえ）

□**案山子**　田畑に立て鳥獣をおどす人形。　**〈かかし〉**

□**強か**　強くてしぶといさま。「強かな交渉力」など。　**〈したたか〉**

□**三和土**　日本家屋の土間。　**〈たたき〉**

●言われてみれば手強い漢字です。

□**残り香**　人が去った後も残る匂いのこと。　**〈のこりが〉**

□**三行半**　夫が妻にわたす離縁状。×「さんぎょうはん」。　**〈みくだりはん〉**

□**角が立つ**　事がもつれて面倒になるさま。　**〈かどがたつ〉**

□**管を巻く**　酔っ払って、くだらない話を繰り返すこと。　**〈くだをまく〉**

□**童歌**　子ども（＝童）の間で歌われてきた歌。　**〈わらべうた〉**

□**双六**　サイコロをふり、上がりに向けてコマを進める遊び。　**〈すごろく〉**

□**進物**　贈り物のこと。×「しんぶつ」。　**〈しんもつ〉**

□**薬玉**　式典や運動会などで用いる飾りの玉。×「くすりだま」。　**〈くすだま〉**

□納戸　ふだん使わない物を収納しておく部屋。（なんど）

□夏至　昼が最も長く、夜が最も短い日。反対は「冬至」。（げし）

□正札　掛け値なしの値段を書いた札。「正札販売」など。（しょうふだ）

□店賃　家賃のこと。「店賃が滞る」など。×「みせちん」。（たなちん）

□脚気　末梢神経の麻痺を起こす病気。ビタミンB_1の欠乏が原因。（かっけ）

□栄えある　名誉ある。「栄えある優勝」など。（はえある）

□出汁　鰹節を煮出してとった旨味のこと。×「でじる」。（だし）

□祝言　もとは祝いの言葉。結婚式という意も。（しゅうげん）

□早生　早熟なこと。もとは、早く実をつける作物のこと。（わせ）

□無下　考慮する必要がないものとみること。「無下に扱う」など。（むげ）

□温気　湿気をふくんだ暖かい空気。熱気。×「おんき」。（うんき）

□富貴　財産があり、地位や身分が高いこと。（ふうき）

□感応　心が動くこと。×「かんおう」。（かんのう）

□小間物　日用品や化粧品など、細々した品物。（こまもの）

□**湖沼** 湖と沼の総称。〔こしょう〕

□**食言** 前言と違うことを言うこと。うそをつくこと。〔しょくげん〕

□**市井** 人が多く住んでいるところ。「市井の人々」など。〔しせい〕

□**出初式** 新年に行われる消防関係の仕事始めの式。〔でぞめしき〕

□**読点** 文中に入れる「、」の記号。なお、「。」は句点。〔とうてん〕

□**大時代** 古くさいこと。大仰なこと。×「だいじだい」。〔おおじだい〕

□**総花的** どんな人にも都合よくすること。〔そうばなてき〕

□**太々しい** 図太いさま。「太々しい態度」など。〔ふてぶてしい〕

□**悪食** ゲテモノ食いのこと。×「あくしょく」。〔あくじき〕

□**評定** 人々が集まり、相談して決めること。「小田原評定」。〔ひょうじょう〕

□**身代** 財産のこと。暮らし向きや地位のこと。〔しんだい〕

□**陽炎** 暖まった空気がゆらゆら立ちのぼるさま。〔かげろう〕

□**野点** 室内ではなく、野外で茶をたてること。〔のだて〕

□**夕映え** 夕日に照らされて、物が美しく見えること。〔ゆうばえ〕

□白湯　お湯のこと。「はくとう」とも読む。〔さゆ〕

□産湯　生まれた赤ん坊を初めて入浴させること。「産湯を使う」など。〔うぶゆ〕

□参内　皇居に参上すること。×「さんない」。〔さんだい〕

□安穏　ゆったりして穏やかなさま。「安穏な暮らし」など。〔あんのん〕

□緑青　銅の表面にでる青緑色の錆。〔ろくしょう〕

□接木　木の枝や芽を他の植物の幹につぎ合わせること。〔つぎき〕

□端唄　三味線を伴奏にしてうたう通俗的な歌。〔はうた〕

□先達　先輩や指導者。「せんだち」とも読む。〔せんだつ〕

□異名　あだ名や別名のこと。〔いみょう〕

□十指　十本の指。「十指に余る」など。△「じゅっし」。〔じっし〕

□素読　声を出して文章を読むこと。「漢文を素読する」など。〔そどく〕

□一家言　その人がもつ独自の説。「一家言ある」など。〔いっかげん〕

□口伝　奥義を口で教えること。なお、「口伝て」は「くちづて」。〔くでん〕

●よく見るあの漢字を読めますか？

□憤怒　腹をたてること。「憤る」で「いきどおる」と読む。　（ふんぬ）

□暫時　少しの間。「暫時休憩」など。「ぜんじ」ではない。　（ざんじ）

□凡例　辞典などの冒頭に示される使用法などのこと。　（はんれい）

□貼付　貼り付けること。「てんぷ」も慣用読みとして定着。　（ちょうふ）

□底意　心の底に潜む考え。「ていい」ではない。　（そこい）

□戦慄　恐怖で体がふるえること。「戦慄の光景」など。　（せんりつ）

□思惑　狙いがある思い、考え。「しわく」ではない。　（おもわく）

□茶房　喫茶店のこと。　（さぼう）

□相殺　プラスマイナスなしにすること。　（そうさい）

□嗚咽　咽（むせ）び泣き。声を詰まらせて泣くこと。　（おえつ）

□狡猾　ずるがしこいこと。「猾」は秩序を乱すという意。　（こうかつ）

□無垢　汚れがなく、うぶなこと。「純真無垢」「無垢な魂」など。　（むく）

□叱咤　大声で叱ること。「叱咤激励」など。　〔しった〕

□徘徊　うろうろと歩きまわること。　〔はいかい〕

□凋落　おちぶれること。「しゅうらく」とは読まない。　〔ちょうらく〕

□放縦　勝手気ままな様子。「放縦な生活」など。　〔ほうしょう、ほうじゅう〕

□姑息　その場の間に合わせ。「姑息な手段」など。　〔こそく〕

□辟易　閉口すること。しり込みすること。　〔へきえき〕

□口述　口で述べること。「口述筆記」など。　〔こうじゅつ〕

□汎用　一つのものをいろいろな用途に使うこと。　〔はんよう〕

□汽笛　汽車の警笛。名曲『遠くで汽笛を聞きながら』など。　〔きてき〕

□凝視　見つめること。目をこらすこと。　〔ぎょうし〕

□版図　領土のこと。「版」は戸籍、「図」は地図を表す。　〔はんと〕

□家路　家に帰る道。「家路につく」など。　〔いえじ〕

□画一的　型にはまって同じさま。　〔かくいつてき〕

□驚愕　ひじょうに驚くこと。　〔きょうがく〕

□**黙然**　口をつぐんでいる様子。「黙然としている」など。〔もくぜん、もくねん〕

□**律儀**　義理堅いこと。実直なこと。〔りちぎ〕

□**投網**　水に投げ入れ、魚をとる網。「投網漁」「投網を打つ」など。〔とあみ〕

□**素手**　何も手に持っていないこと。「素手で立ち向かう」など。〔すで〕

□**若人**　若い人。若者。なお仲人は「なこうど」と読む。〔わこうど〕

□**漸次**　じょじょに。だんだんと。「ざんじ」と間違いやすい。〔ぜんじ〕

□**酩酊**　酒を飲んで、深酔いすること。〔めいてい〕

□**今昔**　今と昔。「今昔の感」など。〔こんじゃく〕

□**立錐**　錐を立てること。「立錐の余地もない」としてよく使う。〔りっすい〕

□**辛酸**　つらい思いや苦しみ。「辛酸をなめる」など。〔しんさん〕

□**排斥**　嫌って拒むこと。「はいせつ」ではない。〔はいせき〕

□**氾濫**　洪水になること。ものがたくさん出回ること。〔はんらん〕

□**極彩色**　派手な色彩。「ごくさいしょく」は誤読。〔ごくさいしき〕

□**権高**　相手を見下した傲慢な様子。「権高な性格」など。〔けんだか〕

□本望　長く抱いてきた望み。（ほんもう）

□腕白　悪さをする子どもの様子。「腕白小僧」など。（わんぱく）

□鞄　物を入れる用具。なお「鞄」は日本生まれの国字。（かばん）

□費目　使途によって分けた費用の名目。「費目別に記入」など。（ひもく）

□瀑布　滝。「瀑」は高所から流れる水。（ばくふ）

□謹呈　つつしんで贈呈すること。（きんてい）

□机上　机の上のこと。「机上の空論」など。（きじょう）

□悔恨　悔しく残念に思う。（かいこん）

□国是　国民の多くから支持を得ている政治上の方針のこと。（こくぜ）

●ニュースや新聞でよく出る漢字です。

□防疫　感染症の発生を予防すること。（ぼうえき）

□渦中　事件などの真っ最中。「渦中の人物」など。（かちゅう）

□匿名　実名を隠すこと。「匿名希望」など。（とくめい）

□仇敵 憎く思う仇・敵。 〔きゅうてき〕

□領袖 組織の長に立つ人。「派閥の領袖」など。 〔りょうしゅう〕

□癒着 くっつく。いい意味には使わず、「政財界の癒着」など。 〔ゆちゃく〕

□喝采 ほめそやすこと。「喝采を博する」など。 〔かっさい〕

□歩合 出来高や売上に応じた比率。「歩合給」など。 〔ぶあい〕

□破綻 物事が破れ、綻ぶこと。「金融機関の破綻」など。 〔はたん〕

□歪曲 意図的に内容を歪めること。「事実を歪曲する」など。 〔わいきょく〕

□殊勝 感心なこと。殊に勝れるという意味。 〔しゅしょう〕

□訃報 人が亡くなった知らせ。「とほう」ではない。 〔ふほう〕

□首魁 悪事などを首謀する張本人。 〔しゅかい〕

□僅差 わずかの差。「僅差の勝利」など。 〔きんさ〕

□寵児 本来は、愛される子どもの意。「時代の寵児」など。 〔ちょうじ〕

□教唆 そそのかすこと。「犯罪教唆」など。 〔きょうさ〕

□暫定 正式決定まで、とりあえず定めること。「暫定措置」など。 〔ざんてい〕

●そのまま読んだら間違える漢字です。

□吉左右　よい知らせ。「左右」は知らせの意。〔きっそう〕

□一寸　ほんの少し。「一寸先は闇」は「いっすん」と読む。〔ちょっと〕

□鈍色　濃いねずみ色。〔にびいろ〕

□心許り　ほんの気持ちだけの。「心許りの贈り物」など。〔こころばかり〕

□不知火　屈折現象によって見える海上の光のこと。〔しらぬい〕

□松明　松などを束ねて火をつけ、屋外用の照明にするもの。〔たいまつ〕

□生薬　植物や動物のエキスを薬の原料としたもの。〔しょうやく〕

□因業　頑固で情けがないこと。〔いんごう〕

□生国　生まれ故郷。「せいごく」ではない。〔しょうごく〕

□斜交い　斜めに交差すること。〔はすかい〕

□料簡　考え。「料簡が狭い」など。×「りょうかん」。〔りょうけん〕

□相好　顔つき。「相好を崩す」はおおいに喜ぶこと。〔そうごう〕

□**細石**　細かくて小さな石。『君が代』に登場する言葉。〔さざれいし〕
□**数多**　たくさん。文字どおり「数多く」という意味。〔あまた〕
□**先途**　行き先。前途。「ここを先途と」は勝負が決まる分かれ目。〔せんど〕
□**旋毛**　頭のてっぺんの毛がうず巻き状に生えているところ。〔つむじ〕

●天候・天体・暦に関する漢字です。

□**残雪**　残っている雪。〔ざんせつ〕
□**入梅**　梅雨に入ること。〔にゅうばい〕
□**風花**　風に吹かれて飛ぶ雪。「かぜはな」ではない。〔かざはな〕
□**颪**　山から吹き降ろす風。「比叡颪」「六甲颪」など。〔おろし〕
□**明星**　金星の別名。「明けの明星」「宵の明星」など。〔みょうじょう〕
□**雪解け**　雪が溶けること。比喩的に国家間の対立が緩むこと。〔ゆきどけ〕
□**時雨**　降ったりやんだりする小雨。〔しぐれ〕
□**五月雨**　陰暦の五月ごろに降る雨。〔さみだれ〕

□凩　初冬に吹く冷たい風。「木枯らし」とも書く。（こがらし）

□疾風　不意に吹く強風。「しっぷう」とも読む。（はやて）

□干支　子、丑、寅などの十二支。「十干十二支」など。（えと）

□晦日　月の末日。大晦日は一年の終わり。（みそか）

□朔日　月の最初の日。「さくじつ」とも読む。（ついたち）

□雪崩　山に積もった雪が斜面をすべり落ちること。（なだれ）

□常夏　一年中、夏のようであること。（とこなつ）

□曙光　夜明けの光。「曙」一字では「あけぼの」と読む。（しょこう）

●時代劇によく登場する漢字です。

□刺客　暗殺者。「しきゃく」ではない。（しかく）

□下知　指図すること。「家臣に下知する」。「げじ」とも読む。（げち）

□下手人　罪を犯した者。（げしゅにん）

□**介錯**　切腹する者の首を斬り落とすこと。　**〔かいしゃく〕**

□**刺青**　肌を針で彫ってつける模様。「入れ墨」とも書く。　**〔いれずみ〕**

□**刃傷沙汰**　刃物で人を傷つけること。　**〔にんじょうざた〕**

□**手練れ**　物事に熟練していること。　**〔てだれ〕**

□**煙管**　きざみタバコを吸う道具。　**〔キセル〕**

□**素寒貧**　無一文のこと。または、その人のこと。　**〔すかんぴん〕**

□**磔**　罪人を柱に縛りつけ、刺し殺す刑。「磔獄門」など。　**〔はりつけ〕**

□**好々爺**　人がよく優しい老人。「こうこうじい」ではない。　**〔こうこうや〕**

□**旅籠**　旅人が泊まる宿。　**〔はたご〕**

□**弔い合戦**　故人の霊を慰めるための戦い。　**〔とむらいがっせん〕**

□**曲者**　怪しい者。「まがりもの」と読まないように。　**〔くせもの〕**

●人間関係に関する漢字です。

□**気障**　嫌味があるさま。「気障り」を略した言葉。　**〔きざ〕**

□**絆**　心の結びつき。「親子の絆」「心の絆」など。（**きずな**）

□**嫉妬**　妬むこと。やきもち。（**しっと**）

□**倦怠**　飽きて、だれること。「夫婦の倦怠期」など。（**けんたい**）

□**大命**　天皇や君主による命令。（**たいめい**）

□**姉御**　気っ風がよく、頼もしい女性。「姐御」とも書く。（**あねご**）

□**愛娘**　かわいがっている娘。（**まなむすめ**）

□**欠礼**　礼儀を欠くこと。「年賀欠礼」など。（**けつれい**）

□**祝儀**　人を祝って贈る金品。（**しゅうぎ**）

□**嫂**　兄の妻のこと。（**あによめ**）

□**走狗**　人の手先。「権力の走狗」など。（**そうく**）

□**伯仲**　優劣がつけられない様子。「実力伯仲」など。（**はくちゅう**）

□**お食い初め**　赤ちゃんに初めてご飯を食べさせる儀式。（**おくいぞめ**）

□**虚仮**　馬鹿者のこと。もとは仏教用語。（**こけ**）

□**餞**　別れのしるしに贈る金品。「せめてもの餞」など。（**はなむけ**）

●神社やお寺に関する漢字です。

□**御神酒**　神に供えるお酒。「御神酒徳利」など。〔おみき〕

□**還俗**　出家していた僧侶が俗人に戻ること。×「かんぞく」。〔げんぞく〕

□**法会**　故人を供養する集まり。仏の教えを説く集まり。〔ほうえ〕

□**忌明け**　喪に服する期間が明けること。「いみあけ」とも読む。〔きあけ〕

□**剃髪**　髪を剃ること。「尼僧が剃髪する」など。〔ていはつ〕

□**産土神**　土地の守り神。〔うぶすながみ〕

□**言霊**　言葉に宿ると言われる霊力。〔ことだま〕

□**卒塔婆**　戒名や経文を記し、墓の後ろに立てる細長い木の板。〔そとば〕

□**観音**　観世音菩薩のこと。〔かんのん〕

□**宮司**　神社で祭事にあたる人。神主。〔ぐうじ〕

□**柏手**　神社で手のひらを打ち合わせる。「拍手」とも書く。〔かしわで〕

□**祠**　神を祀る小さな社(やしろ)。〔ほこら〕

□八百万　ひじょうに多いこと。「八百万の神々」など。〔やおよろず〕
□煩悩　人を悩ませる欲望。一〇八あるとされる。〔ぼんのう〕
□大僧正　僧尼を統率する官職。僧階の最高位。〔だいそうじょう〕
□厨子　仏像や経典を納めておく仏具。「玉虫厨子」など。〔ずし〕

●「和風」の漢字を集めてみました。

□火影　火の光。灯火の光で見える姿のこと。〔ほかげ〕
□禍　不幸な出来事。「禍を転じて福となす」など。〔わざわい〕
□天秤　両端に皿を吊るし重量をはかる道具。「天秤にかける」など。〔てんびん〕
□茜色　やや暗めの赤。植物の茜の根で染めたような色。〔あかねいろ〕
□屋形船　屋根をつけた船。現在は主として川の遊覧用。〔やかたぶね〕
□風合　布地などの触り心地から受ける印象。〔ふうあい〕
□御大　組織の長などを親しみを込めて呼ぶ言葉。〔おんたい〕
□手向け　あの世に旅立つ人に贈ること。「手向けの言葉」など。〔たむけ〕

□轍　道に残る車輪の跡。「車の轍」など。〔わだち〕
□博打　賭け事。〔ばくち〕
□凪　風がやみ、波が静かになること。〔なぎ〕
□潮騒　波の音。三島由紀夫の小説のタイトルでもある。〔しおさい〕
□麓　山裾。〔ふもと〕
□粒寄り　多数から選ばれたもの。「粒選りの食材」など。〔つぶより〕
□政　政治。統治すること。「政を司る」など。〔まつりごと〕
□裳裾　裳や着物のすそのこと。〔もすそ〕
□言伝　伝言のこと。「言伝を頼まれる」など。〔ことづて〕
□謂れ　昔から伝わっていること。「物事の謂れ」など。〔いわれ〕
□歪　ものの形が歪んでいる様子。〔いびつ〕

●どういうものか説明できますか？

□花押　武将らが使った日本風のサイン。〔かおう〕

□疫病神　もとは、疫病（えきびょう）を流行らせる神のこと。　〔やくびょうがみ〕

□厩舎　競馬で、調教師が馬を管理するための施設のこと。　〔きゅうしゃ〕

□花崗岩　白っぽい岩石の種類名。別名「御影（みかげ）石」。　〔かこうがん〕

□篝火　夜間、照明用に焚く火。「篝」は鉄製の籠のこと。　〔かがりび〕

□勾玉　日本の古代の装身具のひとつ。「曲玉」とも書く。　〔まがたま〕

□畦道　田んぼの間の道。　〔あぜみち〕

□埠頭　船を岸につなぎとめ、貨物の上げ下ろしなどをする場。　〔ふとう〕

□塑像　石膏や粘土で作った像。　〔そぞう〕

□錨　海底に沈める錘（おもり）。　〔いかり〕

□囮　人や動物を誘い寄せるために使うもの。　〔おとり〕

□高嶺　高い嶺。「高嶺の花」など。　〔たかね〕

□傾城　絶世の美女。高級な遊女。「けいじょう」ではない。　〔けいせい〕

□柩　棺桶のこと。　〔ひつぎ〕

□破魔矢　縁起物として、お正月に神社で渡される矢のこと。　〔はまや〕

□**訛**　方言。地方特有の発音。「お国訛」など。　〔なまり〕
□**珊瑚**　サンゴ虫がつくる石灰質の物質。「金銀珊瑚」など。　〔さんご〕
□**真砂**　細かな砂のこと。　〔まさご〕

●すべて芸事に関する言葉です。

□**幕間**　歌舞伎などで一幕終わったあとの休憩時間。　〔まくあい〕
□**梨園**　歌舞伎界のこと。　〔りえん〕
□**大銀杏**　十両以上の力士が結うまげ。　〔おおいちょう〕
□**常磐津**　18世紀中頃に成立した浄瑠璃の一派。　〔ときわず〕
□**檜舞台**　最高の舞台。能舞台に高価な檜材を使うことから。　〔ひのきぶたい〕
□**咄家**　落語家のこと。「噺家」とも書く。　〔はなしか〕
□**諳誦**　暗記している文章や詩を口に出して唱えること。　〔あんしょう〕
□**宗家**　芸道を伝える本家。　〔そうけ〕

□**薪能**　薪の火を照明にして夜に行う能。（たきぎのう）

□**十八番**　得意なこと。歌舞伎の市川家の当たり芸の数から。（おはこ）

□**定式幕**　歌舞伎で使う正式な引き幕。（じょうしきまく）

□**隈取り**　歌舞伎の化粧法。初代市川團十郎がはじめたとされる。（くまどり）

□**御点前**　茶道の主人方の作法。（おてまえ）

□**花入**　花を生けるための器。（はないれ）

□**三味線**　日本独自の弦楽器のひとつ。（しゃみせん）

□**下馬評**　評判のこと。「下馬評が高い」など。（げばひょう）

□**青海波**　雅楽の舞曲の名。扇状に重なった波の文様のことも。（せいがいは）

□**三十一文字**　短歌のこと。（みそひともじ）

●暮らしや建物に関する言葉です。

□**梁**　柱などを固定するため、水平に渡す木材。（はり）

□**閂**　門扉の金具に差し通す横木。（かんぬき）

□**炉端**　暖炉の近く。いろりのそば。〔ろばた〕

□**囲炉裏**　床を四角く切り抜いてつくった炉。〔いろり〕

□**月賦**　まとめて支払いせず、何回かに分け、毎月支払うこと。〔げっぷ〕

□**竜吐水**　江戸から明治の中頃にかけて使われた消火用具。〔りゅうどすい〕

□**雪隠**　便所のこと。もとは禅宗の用語。〔せっちん〕

□**枝折戸**　木や竹を編んで作った簡素な戸。〔しおりど〕

□**名刹**　有名な寺。「刹」は寺のこと。〔めいさつ〕

□**遣水**　庭園などに引き入れた水の流れ。植物に水を与えること。〔やりみず〕

□**骨董**　古美術品や古道具。〔こっとう〕

□**界隈**　そのあたり。「浅草界隈」「銀座界隈」など。〔かいわい〕

□**白粉**　化粧に使う白い粉。〔おしろい〕

□**算盤**　珠を動かして数を数える計算機。「算盤が合わない」など。〔そろばん〕

□**袷**　裏地つきの和服。なお、つけないものは「単(ひとえ)」。〔あわせ〕

□**刷毛**　ペンキや糊を塗るブラシ。〔はけ〕

□暖簾　店先などに吊るす布。「暖簾を分ける」など。〔のれん〕

□跨線橋　鉄道線路を跨ぐ橋。〔こせんきょう〕

●すべて身体に関係しています。

□舌鼓　食べたものが美味しいときに舌を鳴らす音。〔したつづみ〕

□強面　こわい顔つき。「強面でならす」など。〔こわもて〕

□仏頂面　無愛想な顔。不機嫌な表情。〔ぶっちょうづら〕

□二重瞼　二重になった瞼の皮。〔ふたえまぶた〕

□渋面　苦々しい表情。「しぶめん」ではない。〔じゅうめん〕

□固唾　緊張時に口の中にたまる唾。「固唾をのむ」など。〔かたず〕

□治癒　病気やけがが、治って癒えること。〔ちゆ〕

□血潮　熱い情熱のこと。ほとばしる血のことも指す。〔ちしお〕

□華奢　姿形がほっそりしていること。頑丈でないこと。〔きゃしゃ〕

□亡骸　遺体のこと。〈なきがら〉
□眩暈　目が回ること。「暈」にはめまいという意味がある。〈めまい〉
□赤裸々　ありのまま。包み隠さず。〈せきらら〉
□業腹　いまいましい。「ぎょうはら」ではない。〈ごうはら〉
□鳩尾　胸の真ん中のくぼんだところ。〈みぞおち〉
□声色　声の調子。声を物真似するの意も。「声色をつかう」など。〈こわいろ〉
□踝　足首の横にある骨の突起。〈くるぶし〉
□鼻薬　鼻の薬の他、賄賂の意味も。「鼻薬をきかせる」など。〈はなぐすり〉

●おさえておきたい「三文字」の漢字です。

□野放図　思うがままにふるまうさま。「野放図な性格」など。〈のほうず〉
□地団駄　悔しさから、足で地面を何度も踏みしめること。〈じだんだ〉
□備忘録　忘れたときのために書きとめておくメモ。〈びぼうろく〉
□黙示録　新約聖書の巻末の書。「もくじろく」ではない。〈もくしろく〉

□大団円　小説などで、すべてがハッピーにおさまる結末。（だいだんえん）

□不如意　金銭のやりくりがつかないこと。「手元不如意」など。（ふにょい）

□土気色　土のような色。おもに顔色の悪さの比喩に使う。（つちけいろ）

□未曾有　めったにないこと。いまだかつて起きたことがないこと。（みぞう）

□殺陣師　立ち回りの型を教える人。（たてし）

□一目散　わき目もふらず、必死に走るさま。（いちもくさん）

□親不知　口のいちばん奥にある歯。（おやしらず）

□大八洲　日本国の美称。（おおやしま）

□醍醐味　最上の面白さ。深い味わい。（だいごみ）

□十進法　十を基数とする数の表し方。「じゅっしんほう」は×。（じっしんほう）

□墓碑銘　墓石に刻む死者の経歴や業績を記した文章。（ぼひめい）

□羞恥心　恥ずかしいと感じる気持ち。（しゅうちしん）

□三角州　デルタ地帯。土砂が、河口付近に堆積してできる地形。（さんかくす）

□奇天烈　風変わりなさま。「奇妙奇天烈な話」など。（きてれつ）

□**月桂冠**　古代ギリシアで名誉のしるしとして与えられた冠。〈げっけいかん〉

□**三叉路**　三つの方向に分かれている道路。〈さんさろ〉

□**半可通**　よく知らないことを通人ぶってふるまう人のこと。〈はんかつう〉

□**射倖心**　偶然による利益をのぞむ気持ち。〈しゃこうしん〉

□**序破急**　演劇や音楽の構成・演出上の三区分。〈じょはきゅう〉

□**世間体**　世間に対する体裁。「世間体が悪い」など。〈せけんてい〉

□**漁色家**　次々と女性を求めては、みだらなことにふける人。〈ぎょしょくか〉

□**生兵法**　知識や技術が生半可で身に付いていないこと。〈なまびょうほう〉

□**突拍子**　場違いで調子はずれなこと。「突拍子もない」など。〈とっぴょうし〉

□**伏魔殿**　陰謀や悪事などが渦巻いている所。〈ふくまでん〉

□**匙加減**　配慮、手ごころ。もとは、薬の調合などの加減のこと。〈さじかげん〉

□**寝業師**　根回しや裏工作に長けた人。「政界きっての寝業師」など。〈ねわざし〉

□**基督教**　キリスト教は、漢字ではこう書く。〈キリストきょう〉

●覚えておきたい「動詞」の漢字です。

□嘲る　軽蔑し、けなすこと。（あざける）

□応える　働きかけに反応する。「期待に応える」など。（こたえる）

□湛える　いっぱいにすること。「満々と水を湛える」など。（たたえる）

□漁る　探し求めること。「すなどる」とも読む。（あさる）

□企む　悪事などを計画する。「企てる」と書けば「くわだてる」。（たくらむ）

□俯く　下を向くこと。（うつむく）

□貪る　貪欲に欲しがる。がつがつ食べる。「惰眠を貪る」など。（むさぼる）

□覆す　ひっくり返す。転覆させる。「体制を覆す」など。（くつがえす）

□委ねる　任せること。「裁判所に委ねる」など。（ゆだねる）

□蝕む　心身がおかされ、そこなわれること。「病魔に蝕まれる」など。（むしばむ）

□賄う　限られた予算内で処理する。食事を作る。「賄い料理」など。（まかなう）

□**抗う**　従わない。抵抗する。「権力に抗う」など。〈あらがう〉

□**口籠る**　言葉に詰まり、うまく言えないこと。〈くちごもる〉

□**絡む**　まとわりつく。「絡み酒」など。〈からむ〉

□**滑る**　滑らかに動くこと。〈すべる〉

□**垣間見る**　こっそりとのぞき見すること。〈かいまみる〉

□**臨む**　目前で向かい合う。「望む」とは正しく書き分けたい漢字。〈のぞむ〉

□**佇む**　立ちつくすこと。〈たたずむ〉

□**償う**　自分が犯した罪などを埋め合わせること。〈つぐなう〉

□**育む**　養い育てること。「愛を育む」など。〈はぐくむ〉

□**浸かる**　液体の中に浸かること。「浸る」は「ひたる」と読む。〈つかる〉

□**培う**　育てあげる。育成する。〈つちかう〉

□**煽る**　人の心などを刺激すること。「煽てる」は「おだてる」と読む。〈あおる〉

□**契る**　約束を固く交わす。「契りを結ぶ」など。〈ちぎる〉

□**辱める**　恥をかかせること。名誉や地位を傷つける。〈はずかしめる〉

□萎れる　草木が弱ること。「萎える」は「なえる」と読む。〔しおれる〕

□匿う　人目につかないよう隠す。「犯人を匿う」など。〔かくまう〕

□喘ぐ　激しい息づかいをする。「喘ぎ声」「苦しみに喘ぐ」など。〔あえぐ〕

□捏ねる　粉などに水をまぜて練ること。「つくねる」とも読む。〔こねる〕

□玩ぶ　思いのままに扱うこと。「人の心を玩ぶ」など。〔もてあそぶ〕

□怯む　おじけづく。気後(おく)れする。〔ひるむ〕

□喚く　大声で騒ぎたてること。〔わめく〕

□疼く　ずきずき痛むこと。「古傷が疼く」など。〔うずく〕

□抉る　刃物などでくり抜くこと。〔えぐる〕

□挫く　足を捻挫する。勢いをおさえる。〔くじく〕

□廃れる　流行らなくなること。〔すたれる〕

□唸る　低い声や音を出すこと。〔うなる〕

□綴る　文章を作る。破損した箇所をつぐ。〔つづる〕

●「形容詞」「副詞」…の基本漢字です。

□**虚ろ**　気が抜けてぼんやりする様子。「虚ろな表情」など。　〈うつろ〉

□**早急に**　とても急ぐこと。至急。　〈さっきゅうに〉

□**香ばしい**　香りがいい。こんがり焼けたようないいにおい。　〈こうばしい〉

□**凄まじい**　恐ろしいほどに、すごいこと。激しい。　〈すさまじい〉

□**奇しくも**　奇妙なことに。「きしくも」ではない。　〈くしくも〉

□**焦れったい**　うまくいかずにイライラする。　〈じれったい〉

□**艶かしい**　色っぽいこと。　〈なまめかしい〉

□**羨ましい**　人をねたましく思うさま。　〈うらやましい〉

□**疎い**　疎遠なさま。親しくない。「世情に疎い」など。　〈うとい〉

□**既に**　前に。とっくに。　〈すでに〉

□**早速**　すぐに。直ちに。　〈さっそく〉

□気高い　上品で高貴な様子。（けだかい）

□概して　おおむね。一般的に。（がいして）

□頑な　意地を張り、意見や態度を変えないさま。（かたくな）

□如実に　ありのままに。「如実に感じる」など。（にょじつに）

□疎ら　間があって密でないこと。「疎らな林」など。（まばら）

□芳しい　いいにおいがする。あるいは、立派な様子。（かんばしい）

□度々　何度も。繰り返して。「度々失礼します」など。（たびたび）

●読み間違いに要注意の漢字です。

□羨望　うらやましく思うこと。「羨む」で「うらやむ」と読む。（せんぼう）

□秘匿　秘かに隠すこと。「匿す」で「かくす」と読む。（ひとく）

□辣腕　物事を迅速、的確に処理する能力。「辣腕をふるう」など。（らつわん）

□滑稽　面白いこと。おどけたこと。「滑稽劇」「滑稽なしぐさ」など。（こっけい）

□渾身　身体すべて。「渾身の力を振り絞る」など。（こんしん）

□**恰幅** 体の恰好。風采。「恰幅がいい」など。 〈かっぷく〉

□**奔流** 激しい勢いの流れ。「奔る」で「はしる」と読む。 〈ほんりゅう〉

□**翻弄** もてあそぶこと。手玉に取ること。 〈ほんろう〉

□**図体** 体つき。「彼は、大きな図体のわりに、気が小さい」など。 〈ずうたい〉

□**昏倒** 目がくらみ、倒れること。「昏い」で「くらい」と読む。 〈こんとう〉

□**矛先** 武器の矛の先。そこから、「攻撃する方向」という意味に。 〈ほこさき〉

□**途絶** 継続中の物事が途切れ、絶えること。 〈とぜつ〉

□**寡占** 少数の企業が市場の大半を占めている状態。 〈かせん〉

□**糾明** 不正を糾し、真相を明らかにすること。「真相糾明」など。 〈きゅうめい〉

□**改易** 大名や武士の所領・家禄を没収すること。 〈かいえき〉

□**突飛** 風変わりなさま。思いもかけないさま。「突飛な行動」など。 〈とっぴ〉

□**傍流** 本流から分かれた系統。「傍流でありながら」など。 〈ぼうりゅう〉

□**弁済** 借りた借金を返すこと。「債務を弁済する」など。 〈べんさい〉

□**帰趨** 物事が落ち着くところ。「趨」は「おもむく」という意味。 〈きすう〉

□妖艶　男性を惑わせるような女性の美しさ。「妖艶な美人」など。（ようえん）
□断崖　切り立った崖。「断崖絶壁」など。（だんがい）
□漆喰　壁や天井などに塗りつける建築材料。「漆喰壁」など。（しっくい）
□禅譲　話し合いによって権力を譲ること。（ぜんじょう）

●「争い」に関係しています。

□哨戒　敵に備え、見張りをすること。「対潜哨戒機」など。（しょうかい）
□装塡　鉄砲や大砲に弾丸に詰めること。（そうてん）
□統帥　軍隊を自分の支配下に置き、率いること。（とうすい）
□蜂起　大勢の人々が一斉に行動すること。「民衆の一斉蜂起」など。（ほうき）
□塹壕　陣地の周りに掘るほり。「塹」も「壕」も一字で「ほり」と読む。（ざんごう）
□掣肘　人の自由な行動に干渉し、制限を加えること。（せいちゅう）
□険阻　険しいさま。「険阻な地形」「険阻な態度」など。（けんそ）
□薙刀　槍を反り返らせたような長い武器。おもに、女性用の武器。（なぎなた）

□**殺戮**　残忍な方法で大勢を殺すこと。「大量殺戮」など。　（さつりく）
□**謀議**　陰謀などを計画し、相談すること。　（ぼうぎ）
□**熾烈**　激しいさま。「熾ん」で「さかん」と読む。「熾烈な戦い」など。　（しれつ）
□**轟々**　大きな音がとどろき響くさま。　（ごうごう）
□**巣窟**　悪事を企む者などが集まり、住むところ。「悪の巣窟」など。　（そうくつ）
□**剣呑**　危険なさま。「剣呑な雰囲気」など。　（けんのん）
□**足蹴**　足で蹴りつけること。「足蹴にする」など。　（あしげ）
□**獰猛**　性質が荒っぽく、暴力的なこと。「獰猛な動物」など。　（どうもう）
□**毀損**　信用や名誉などを損なうこと。「信用を毀損する」など。　（きそん）

●できる大人なら知っています。

□**直訴**　上の者に直接訴えること。「天皇に直訴する」など。　（じきそ）
□**押捺**　印を押すこと。「契約書に押捺する」など。　（おうなつ）
□**鶴首**　待ちわびる。鶴のように首を長くして待つという意。　（かくしゅ）

□**時宜** ちょうどいい時期。いい頃合い。「時宜を得る」など。〔じぎ〕

□**丁重** 丁寧で、手厚いこと。「丁重なお言葉」「丁重な御礼」など。〔ていちょう〕

□**謳歌** 歌うこと。喜びなどを表すこと。「わが世を謳歌する」など。〔おうか〕

□**彗星** ほうき星。「彗」には「ほうき」という意味がある。〔すいせい〕

□**澱粉** 三大栄養素のひとつ。「澱」一字では「おり」と読む。〔でんぷん〕

□**闊達** 小さなことにこだわらない心のありよう。〔かったつ〕

□**渉猟** 歩き回り、探すこと。「史料を渉猟する」など。〔しょうりょう〕

□**投錨** 船が錨をおろし、港などに碇泊すること。「投錨地」など。〔とうびょう〕

□**浪漫** 冒険的な出来事に憧れを持つこと。「男の浪漫」など。〔ろまん〕

□**濾過** 液体などを濾して、純度を上げること。〔ろか〕

□**体軀** 体。体格。「軀」一字でも「からだ」と読む。〔たいく〕

□**目処** おおよその見当。物事の見通し。「先行きに目処が立つ」など。〔めど〕

□**騰貴** ものの値段が高くなること。「石油の値段が騰貴する」など。〔とうき〕

□**諭旨** 説いて聞かせること。〔ゆし〕

□**論旨**　論理の筋道。「明快な論旨」「論旨があいまい」など。　**〔ろんし〕**

□**研鑽**　深く研究すること。「研鑽を積む」「研鑽を重ねる」など。　**〔けんさん〕**

□**漸増**　少しずつ増えること。だんだん増えていくこと。　**〔ぜんぞう〕**

□**放念**　気にかけないこと。「その件はご放念ください」など。　**〔ほうねん〕**

□**敢然**　思い切って行動する様子。「敢然と立ち向かう」など。　**〔かんぜん〕**

□**更地**　建物が立っていない土地。この「更」は「新しい」という意味。　**〔さらち〕**

□**剪断**　はさみで切ること。「剪る」で「きる」と読む。　**〔せんだん〕**

□**俗諺**　俗世間のことわざ。「諺」一字では「ことわざ」と読む。　**〔ぞくげん〕**

□**夾雑**　余分なものが混じること。「夾む」は「はさむ」と読む。　**〔きょうざつ〕**

●なにかと「コワい」漢字です。

□**恫喝**　脅して、おびえさせること。「恫」には脅すの意味がある。　**〔どうかつ〕**

□**悶死**　悶え苦しみながら、死ぬこと。「失意のうちに悶死する」など。　**〔もんし〕**

□**憤死**　激しい憤りのあまりに死ぬこと。　**〔ふんし〕**

□嘲笑　あざ笑うこと。「嘲笑う」で「あざわらう」と読む。（ちょうしょう）

□苦界　苦しみの多い世界。遊女の世界という意味で使われた。（くがい）

□湿疹　かゆみを伴う皮膚の炎症。「疹」は小さなふきでもの。（しっしん）

□痙攣　筋肉が急激に収縮する現象。「痙る」で「ひきつる」と読む。（けいれん）

□劫火　この世を焼き尽くすような大火。「地獄の劫火」など。（ごうか）

□壊疽　体の組織や細胞の一部が死んだ状態。（えそ）

□亡者　死人。何事かにひどく執着する人。「金の亡者」など。（もうじゃ）

□縊死　頸をくくって自殺すること。「縊る」で「くびる」と読む。（いし）

□頓死　今でいう突然死。「頓」には「にわかに」という意味がある。（とんし）

□愚弄　人をばかにしてからかうこと。（ぐろう）

3

知性が問われる教養漢字〈中級編〉

●ラクに読みこなしたい漢字です。

□貸借

〔たいしゃく〕　貸し借り。賃借（ちんしゃく）と見間違えないように。「貸借対照表」など。

□終焉

〔しゅうえん〕　死を迎えること。「昭和の終焉」などと、単に「終わり」の意味にも使われる。

□門戸

〔もんこ〕　門と戸。そこから、出入り口の意。「門戸を開く」「門戸開放政策」など。

□吟味

〔ぎんみ〕　物事を念入りに調べること。江戸時代には、罪状を調べることも意味した。

□生糸

〔きいと〕　まだ製品に加工されていない絹糸。繭玉（まゆだま）から取った繊維をつないだだけの状態の糸。

□罪業

〔ざいごう〕　罪となる、悪い行いを意味する仏教用語。「彼は、

□既往
□遠浅
□国許
□虚空
□王朝
□容易
□但書

罪業が深い人生を送った」などと用いる。
〔きおう〕　昔のこと。過ぎ去った過去。「既往症」は以前かかったことのある病気のこと。
〔とおあさ〕　浜辺から離れても、海がまだ浅いこと。「遠浅の海」など。
〔くにもと〕　自分の生まれ育ったところ。故郷。また、江戸時代には主君の領地をいった。
〔こくう〕　何も存在しない空間。架空であることのさま。「虚空を摑む」など。
〔おうちょう〕　王家が君臨していた期間。同じ王家に属する王の系列のこと。
〔ようい〕　たやすいこと。逆に「容易ならざる」は難しいこと。
〔ただしがき〕　「但し」という言葉を冒頭に使い本文に対して

□直筆

□苦汁

□糊塗

□畔

□割烹

□去就

条件や例外、補足などを付け加えた文。

（じきひつ） 本人が直接書いたもの。「ちょくひつ」とも読むが、事実をありのままに書くという別の意味になるので注意。

（くじゅう） にがみのある汁のこと。「苦汁を嘗める」は、苦い経験をすること。

（こと） 一時しのぎにごまかすこと。その場をとりつくろうこと。「失敗を糊塗する」などと用いる。

（ほとり） 川や池などの水際。きわ。ふち。「湖の畔の旅館」「川の畔を歩いてみる」など。「辺」とも書く。

（かっぽう） もともとは「食べ物を調理する」こと。今は、主に、日本料理や日本料理店をさす。

（きょしゅう） 身の処し方。進退。「去就が定まらない」など。「就く」で「つく」と読む。

□架空
（かくう）　想像上のこと。事実と違うつくりごと。

●大人なら覚えておきたい漢字です。

□高砂
（たかさご）　世阿弥作の謡曲。高砂と住吉の松の精が、長寿と和歌の繁栄を語り、人の世をことほぐ。

□旭日
（きょくじつ）　朝日のこと。「旭日昇天の勢い」は、朝日が天に昇るように、さかんな勢いのこと。

□皮革
（ひかく）　動物の皮を加工したもの。なお一般的に、加工前は「皮」、加工後は「革」が使われる。

□産毛
（うぶげ）　細く柔らかい毛のこと。産まれたときから赤ちゃんに生えている毛のこと。

□外題
（げだい）　書物や掛け軸などの表紙に記してある書名、題名のこと。また上方歌舞伎や浄瑠璃の題名。

□涅槃
□如来
□丙午
□餞別
□途次
□錘
□鋸

〔ねはん〕　仏教の言葉で、煩悩の火を消し去り、智慧(ちえ)の完成した悟りの境地。仏の悟りを得た境地。

〔にょらい〕　真理に到達した人のこと。仏陀のこと。阿弥陀如来は、衆生を救おうと四八の誓いを立てた仏。

〔ひのえうま〕　六〇ある十干十二支の四三番目。この年生まれの女性は、夫を食い殺すという迷信があった。

〔せんべつ〕　旅立つ人、遠くへ離れる人に、別れのしるしとして金品を贈ること。

〔とじ〕　ある所へいく途中。「散歩の途次」「旅行の途次」などと使う。

〔おもり〕　物が軽すぎるとき、重さを加えて安定させるための物体。「つむ」とも読む。

〔のこぎり〕　薄い鋼板の縁にギザギザの歯をつけ、木材、石材、

□頁

□枕頭

□沼沢

□極刑

□痛痒

□冶金

金属などを切るのに使う工具。

〔ページ〕 本、ノートなどの紙の一面。また、その順序を示す数字のこと。

〔ちんとう〕 まくらもとのこと。「先年、亡くなった父が枕頭に現れ、私に小言をいう夢を見た」など。

〔しょうたく〕 沼と沢のこと。「沼沢地に一人で入るのは危険だ」などと用いる。

〔きょっけい〕 もっとも重い刑罰。死刑。「極刑に処す」など。「ごっけい」ではない。

〔つうよう〕 精神的、肉体的苦痛のこと。「痛痒を感じない」は、まったく平気であること。

〔やきん〕 鉱石から金属を取り出し、精製する技術のこと。広義には、金属を溶接、鋳造する加工技術も含む。

□巴戦

□没交渉

□超弩級

□足枷

□斬新

□薄情

□白露

〈ともえせん〉　三人で争い、そのうち一人が他の二人に続けて勝てば、勝者と決まる戦い。

〈ぼつこうしょう〉　会っていないこと。かかわりがないこと。「ここのところ、彼とは没交渉だ」など。

〈ちょうどきゅう〉　飛び抜けて大きいこと。この「弩」は20世紀初めの英国の巨大戦艦ドレッドノート号の頭文字。

〈あしかせ〉　罪人の足にはめ、行動の自由を奪う刑具。そこから、自由な行動を妨げるもの。

〈ざんしん〉　方法や発想、趣向などが新しい様子。「斬」ったた木の切り口が「新」しいことから。

〈はくじょう〉　愛情が薄くて冷たい、情けが薄いこと。

〈はくろ〉　二十四節気のひとつ。9月8日頃。「しらつゆ」と読む場合は、白く光ってみえる露のこと。

□霞
□甲冑
□雁首
□仇討ち
□鳩首
□鬼面
□半鐘

〈かすみ〉　大気中の粒子のため、遠くがぼやける現象。
〈かっちゅう〉　兵士が身につける防具の総称。甲はかぶと、冑はよろいのこと。
〈がんくび〉　キセルの火をつける頭部のこと。そこから、人間の頭の意味も。
〈かたきうち〉　主君や親の復讐をすること。「仇討ち」は「あだうち」とも読む。
〈きゅうしゅ〉　集まって相談すること。この「鳩」は集めるという意味。
〈きめん〉　鬼の顔。また、鬼の仮面。「鬼面人を威す」は見せかけで相手を威すこと。
〈はんしょう〉　火事を知らせるための備えつけの小形の鐘。

●自信をもって読みたい漢字です。

□散文
□卑下
□賜物
□自惚れ
□外道
□脚本

〔さんぶん〕　小説や随筆、日記など韻律などの制限をもたない自由な文章。

〔ひげ〕　自分を劣った者と見なして、卑しめること。卑しめてへりくだること。

〔たまもの〕　恩恵や祝福として与えられたもの。あることの結果として現れた、よい事柄。

〔うぬぼれ〕　実質以上に自分がすぐれていると思い、得意になること。その気持ち。

〔げどう〕　本来は、仏教の信者から見て、それ以外の教えのこと。心のひねくれた者なども意味する。

〔きゃくほん〕　芝居の筋書きや台詞、演出上の注意を書いたも

□間合

□虜

□田圃

□固執

□衆生

□仕業

□盛衰

の。

〔まあい〕　隔たり。適当な時期。また、音楽で調子や拍子の変化するわずかの時間。

〔とりこ〕　戦争で敵に捕らえられた者。ある事に熱中して逃げ出せない状態になることもいう。

〔たんぼ〕　水田のこと。「でんぽ」「でんぼ」とも読む。

〔こしゅう〕　自分の意見などにこだわり、変えようとしないこと。「こしつ」とも読む。

〔しゅじょう〕　仏教用語でこの世に生を享けたものすべてを意味する。

〔しわざ〕　したこと。行為。現代では、多くの人にとがめられるような行為についていうことが多い。

〔せいすい〕　盛んになったり、衰えたりすることをいう。

□間隙
□快哉
□杞憂
□逐電
□拇印
□迂闊
□蔓延

〈かんげき〉 あいだ。すきま。気のゆるみ。不和。「間隙を縫う」など。
〈かいさい〉 胸がすっとするように、気持ちのいいこと。「賭けに勝って、快哉を叫んだ」などと用いる。
〈きゆう〉 無用の心配をすること。
〈ちくでん〉 素早く逃げること、行動すること。この「電」は「雷」のことで、「雷を逐う」ほどの素早さから。
〈ぼいん〉 親指の先に朱肉をつけて、印章代わりに押すこと。「拇」には「おやゆび」という訓読みがある。
〈うかつ〉 うっかり、注意が足りないさま。「迂闊にも」という形でよく使い、「迂闊にも好機を逸する」など。
〈まんえん〉 悪習や病気などが広まること。「蔓」一字では「つる」と読み、つる草のこと。「コロナウイルスが蔓延する」など。

□豊饒

□鼎立

□島嶼

□詔勅

□簒奪

□陪臣

□提督

〔ほうじょう〕　土地が豊かで、作物がよく実ること。「饒か」は「ゆたか」と読む。

〔ていりつ〕　三者が互いに対立・拮抗していること。「鼎」という器の三本の脚にちなむので、二者や四者に使うのはNG。

〔とうしょ〕　島々のこと。「嶼」は小さな島のこと。緊張高まる「東シナ海の島嶼」など。

〔しょうちょく〕　帝、天子の発する文書。「詔」「勅」も一字なら、ともに「みことのり」と読み、天子からの命令を表す漢字。

〔さんだつ〕　帝位を奪いとること。「簒う」も「奪う」も、ともに「うばう」と読む。

〔ばいしん〕　臣下のそのまた臣下のこと。この「陪」には、重なるという意味がある。

〔ていとく〕　艦隊の総司令官。「ネルソン提督」など。もとは、

□黄粉
□落雁
□投函
□重用
□懺悔
□頓着
□友誼

中国の武官の最高位。

〔きなこ〕　大豆を煎ってひいた粉。

〔らくがん〕　型押しして作る干菓子。もとは、空から舞いおりる鳥の雁のこと。

〔とうかん〕　箱に投げ入れること。「ポストに投函する」など。「函」は地名の函館の「函」で、「箱」と同じ意味。

〔ちょうよう〕　特定の者を重んじて使うこと。「側近を重用する」など。×「じゅうよう」。

〔ざんげ〕　神に罪を告白して、悔い改めること。「懺いる」も「悔いる」も「くいる」と読む。

〔とんちゃく〕　気にかけてこだわること。「頓着しない」「無頓着」というように、否定形でよく使う。

〔ゆうぎ〕　友達としてのよしみ。「誼」一字なら「よしみ」と

□披瀝

□薫陶

□些少

□諮問

□精悍

□健啖

読む。「格別のご友誼を賜わる」など。

〔ひれき〕　考えを打ち明ける。「披く」は「ひらく」、「瀝る」は「したたる」と読む。「考えを披瀝する」など。

〔くんとう〕　徳を以て、人を教育すること。「薫陶を得る」「薫陶を賜る」など、教育された側から使うことが多い。

〔さしょう〕　わずかなこと。寄付するときに「些少ではありますが」などと前置きする。

〔しもん〕　有識者などに意見を求めること。なお、「諮る」は「はかる」と読み、「会議に諮る」などと使う。

〔せいかん〕　態度や表情が勇ましいさま。「精悍な表情」など。「悍」は勇ましいの意。

〔けんたん〕　ひじょうによく食べること。「健啖家」は、食欲旺盛でよく食べる人のこと。

□峻厳

□闊歩

□籠手

□石膏

□螺旋

□沐浴

□隠遁

（しゅんげん）　厳しく、けわしいさま。「峻しい」で「けわしい」と読む。「峻厳な態度」など。

（かっぽ）　大股で堂々と歩くこと。「世間を闊歩する」など。「闊い」で「ひろい」と読む。

（こて）　剣道で、指先から肘までを守る防具。ここを正確に打つと「一本！」となる。「小手」とも書く。

（せっこう）　彫刻などに使われる白色の鉱物。「膏」一字では「あぶら」と読み、脂肪のこと。

（らせん）　「螺」は二ナ貝のことで、螺旋状の貝殻を持つ。その殻のような渦巻形のこと。

（もくよく）　水で体や髪を洗い清めること。「沐」は水や湯をかぶるという意。「沐う」で「あらう」と読む。

（いんとん）　世間を離れ、隠れ住むこと。「隠遁生活」など。「遁」は「遁走」の「遁」。

□**泰斗**

□**付託**

□**転訛**

□**急逝**

□**漸減**

□**借款**

□**爛熟**

〔たいと〕　もっとも権威のある人。「感染症研究の泰斗」など。「泰山北斗」の略。

〔ふたく〕　他にまかせること。国会用語でよく使われ、「委員会審議に付託する」など。

〔てんか〕　言葉本来の意味や発音がなまって変化すること。「訛る」で「なまる」と読む。

〔きゅうせい〕　急死すること。「年下の友人が急逝する」など。「逝く」で「ゆく」と読む。

〔ぜんげん〕　だんだん減っていくこと。「経常収支の黒字が漸減する」など。「漸く」は「ようやく」と読む。

〔しゃっかん〕　金銭の貸し借り。とりわけ政府同士の資金の貸し借り。「円借款」など。

〔らんじゅく〕　崩れそうなほど、熟した状態。「爛れる」で「ただれる」と読む。

□鳳凰

（ほうおう） 中国で尊ばれてきた想像上の鳥。なお「鳳」「凰」、ともに一字では「おおとり」と読む。

●そういえばよく見るあの漢字です。

□托鉢

（たくはつ） 修行僧が鉢に米や金銭などの布施を受けること。

□天誅

（てんちゅう） 天のくだす罰。天に代わって罰をくだすこと。「悪人に天誅を加える」など。

□饒舌

（じょうぜつ） よくしゃべること、おしゃべり。「饒」には「あり余る」のほか「はなはだしい」という意味もある。

□揶揄

（やゆ） からかうこと。「揶」は「もてあそぶ、あざける」という意味。「揄」は「なぶる、からかう」の意味。

□冥利

（みょうり） 恩恵やしあわせ。「大歓声の中でプレーできるのは選手冥利に尽きる」など。

□**釣果**

□**耽美**

□**割愛**

□**生贄**

□**菩薩**

□**随伴**

□**所謂**

〔ちょうか〕　釣った獲物、釣りの成果のこと。「釣」には「水の中から魚を抜き出す」という意味がある。

〔たんび〕　美を最高のものととらえ、美を求めること。「耽美主義」「耽美派」など。

〔かつあい〕　惜しいと思いながらも、手放したり、省略したりすること。もとは愛執を断ち切ること。

〔いけにえ〕　神への捧げものとして、生き物を生きたまま供えること。自分の生命などを犠牲にして貢献すること。

〔ぼさつ〕　仏教で、如来の次に位置するもの。悟りを求める修行者。

〔ずいはん〕　お供となってついていくこと。また、ある事が他の出来事を生じさせること。

〔いわゆる〕　「世間でいわれているところの──」「俗にいう──」

□朧月

□真贋

□鼎談

□蒐集

□耽溺

□老獪

□暗澹

といった意味の連体詞。

〔おぼろづき〕 春の夜などに見られる薄ぼんやりした月。「朧月夜」は「おぼろづきよ」と読む。

〔しんがん〕 本物と偽物。「壺の真贋を見分ける」などと使う。

〔ていだん〕 三人で話をすること。また、その話。「鼎（かなえ）」という三本足の器にちなむ言葉。

〔しゅうしゅう〕 趣味や研究のため、特定のものを集めること。コレクション。

〔たんでき〕 よからぬことに夢中になり、その他のことを顧（かえり）みないこと。「酒色に耽溺した生活」などと使う。

〔ろうかい〕 長い経験を積み、世事にたけていて、ずる賢いこと。「老獪な政治家」などと使う。

〔あんたん〕 見通しが立たず、将来への希望がもてない様子。

□傲り

「澹い」で「あわい」と読み、薄暗い様子のこともいう。

〔おごり〕思い上がること。得意になって、わがままなふるまいをすること。「驕り」とも書く。

●読めるようにしておきたい漢字です。

□阿吽

〔あうん〕吐く息と吸う息のことで、コンビの息の合った様子は「阿吽の呼吸」という。

□怖気

〔おじけ〕こわがったり、恐れたりする気持ちや恐怖心のこと。「怖気づく」などと使われる。

□烏合

〔うごう〕カラスがばらばらに集まるように、統一性や規律がなく集まる様子。「烏合の衆」などと使う。

□何卒

〔なにとぞ〕「どうぞ」「ぜひ」など、相手に折り入って頼みごとをするときに使う言葉。

□猛者

□罷免

□矜持

□強靭

□乖離

□直截

□匕首

〔もさ〕 勇猛果敢であり、技量のある人物。勇者。「柔道の猛者」「このチームは猛者ぞろいだ」などと使う。

〔ひめん〕 職務をやめさせること。「罷」も「免」も、しりぞけるという意味。「大臣が罷免される」などと使う。

〔きょうじ〕 自信をもって尊大にかまえること。「矜持を保つ」などと使う。

〔きょうじん〕 強くてしなやかなこと。「強靭な肉体の持ち主」などと使う。

〔かいり〕 「乖」は「そむく」、「離」は「はなれる」の意味。ふたつのものが、離れていたり、距離があること。

〔ちょくせつ〕 まわりくどい表現をせず、はっきり言うこと。即刻決断すること。慣用読みでは「ちょくさい」。

〔あいくち〕 鍔(つば)のない短刀。「合口」とも書く。その長さから

□**欠片**

□**炬燵**

□**齧歯類**

□**瑕瑾**

□**截断**

□**裂帛**

「九寸五分」とも呼ばれる。

〔かけら〕　ものが欠けた小さな断片。「こわれたガラス工芸品の欠片を拾う」などと使う。

〔こたつ〕　やぐらの中に熱源があり、ふとんをかけて暖をとるもの。「火燵」とも書く。冬の季語。

〔げっしるい〕　リスやネズミなど、ものをよくかじる哺乳類の一種。「齧る」で「かじる」と読む。

〔かきん〕　傷のこと。「瑕」はきず、「瑾」は立派な玉のこと。「瑕瑾なきよう」など。

〔せつだん〕　物を断ち切ること。「截る」で「きる」、「截つ」で「たつ」と読む。

〔れっぱく〕　絹を裂くような鋭い音。「帛」は絹織物のことで、「きぬ」とも読む。「裂帛の気合」など。

□蹲踞（そんきょ）相撲などで、深く腰を下ろした姿勢。「蹲る」も「踞る」も「うずくまる」と読む。

□雪洞（ぼんぼり）紙のおおいをつけたロウソク立て。雪とは関係なく、ぼんやり見えることからこの名に。

□覿面（てきめん）結果がすぐにあらわれること。「効果覿面」など。「覿う」で「あう」と読む。

□銀嶺（ぎんれい）雪が積もった山の峰。銀色に光り輝くところから。なお「白銀」は雪の代名詞。

●「仕事」に関係する漢字です。

□演繹（えんえき）一般的な理論から、特殊、個別なことに結論を出すこと。反対語は「帰納」。

□履行（りこう）決めたこと、言ったことを実際に行うこと。債務者

□**漏洩**

□**破棄**

□**大過**

□**勿論**

□**反り身**

□**頒布**

□**鬼門**

が債務の内容を実行すること。

〈ろうえい〉 水や光がもれること。秘密などがもれること、もらすこと。「ろうせつ」の慣用読み。

〈はき〉 破り捨てること。契約などを一方的に取り消すこと。

〈たいか〉 大きな失敗やトラブル。「大過なく」が定着の使い方。

〈もちろん〉 論ずる必要のないほど、はっきりしているさま。言うまでもなく。

〈そりみ〉 身体を後ろに反らせること。「反り身になる」など。

〈はんぷ〉 配って広く行き渡らせること。「パンフレットを頒布する」などと用いる。

〈きもん〉 苦手とする事柄や相手のこと。陰陽道（おんみょうどう）で鬼が出入りする方角。

□稟議

□出端

□推敲

□収斂

□宿酔

□敷衍

□難詰

（りんぎ） 会社や官庁などで、合意が必要な案件を関係者に回して、承認を求めること。

（ではな） 出ようとしたとたん、出たとたんという意味。また、物事のしはじめのこと。

（すいこう） 文章の字句を十分に吟味して、練り直すこと。「推敲を重ねる」など。

（しゅうれん） 縮むこと。ひとつにまとまること。

（ふつかよい） 酒を飲み過ぎ、翌日まで酔いや不快な症状が残っていること。二日酔い。「しゅくすい」とも読む。

（ふえん） 展開すること。意義や意味を押し広めて説明すること。「自説を敷衍する」などと用いる。

（なんきつ） 欠点を挙げて、相手を厳しく非難すること。「担当者が失敗を難詰された」など。

□**端緒**　**〔たんしょ〕**　物事の手掛かり、いとぐちのこと。「逆転劇の端緒となった」など。

□**伝**　**〔つて〕**　相手に伝えるための手段や方法。希望を実現させるための手掛かり。「伝をたどる」など。

□**定款**　**〔ていかん〕**　会社などの目的・組織・業務などを定めた根本規則。または、それを記載した書面。

□**減殺**　**〔げんさい〕**　減らすこと。少なくすること。「げんさつ」は間違い。

□**膠着**　**〔こうちゃく〕**　ある物が他の物にくっついて、離れなくなること。物事がある状態のまま、変化しないこと。

●どういう状態のことでしょう？

□**肥沃**　**〔ひよく〕**　作物を栽培するうえで、土地の生産力が高いこと。

□埒外
□逼迫
□磐石
□熱涙
□弛緩
□颯爽
□生粋

「肥沃な大地にめぐまれる」などと使う。

〔らちがい〕 一定の枠からはずれていること。「埒もない」は、乱雑なこと、つまらないこと。

〔ひっぱく〕 差し迫った状態になること。立ち行かなくなること。とくに経済状態について使う。

〔ばんじゃく〕 きわめて堅固で万全な状態のこと。もとは、どっしりして動かない大岩のこと。

〔ねつるい〕 熱い感動の涙。

〔しかん〕 ゆるむこと、たるむこと。「弛」も「緩」も「ゆるむ」ことを表す。「筋肉が弛緩する」など。

〔さっそう〕 人の姿がすっきりとしていて勇ましい様子。また、態度や行動がさわやかな様子。

〔きっすい〕 純粋なこと。まじりけが、まったくないこと。「生

□**汲々**
□**仰山**
□**矢面**
□**無尽蔵**
□**彎曲**
□**辺鄙**
□**咄嗟**

粋の江戸っ子」など。

〔きゅうきゅう〕 ひとつのことにあくせくすること。「汲々としている」など。

〔ぎょうさん〕 関西地方でよく使われる言葉で、数量が多い様子。「仰山あるなあ」など。

〔やおもて〕 もとは、矢が飛んでくる正面のこと。転じて、まともに攻撃を受ける立場のこと。「矢面に立つ」など。

〔むじんぞう〕 ものや財産、才能などが無限にある状態。

〔わんきょく〕 弓なりに曲がること。「彎」は「弓をひくこと」「曲がること」。「湾曲」とも書く。

〔へんぴ〕 鄙(ひな)びた不便な土地のこと。中心部から離れた未開発の場所。

〔とっさ〕 きわめてわずかな時間、瞬間。急なこと、という意味もある。

□頽廃的　〔たいはいてき〕　モラルが崩れ、不健全な様子。「頽廃的な芸術」など。「退廃」とも書く。

□画餅　〔がべい〕　なんの役にも立たないもののたとえに用いる語。「画餅に帰す」は物事が失敗に終わること。

□慢心　〔まんしん〕　うぬぼれた態度。またその心。

□昵懇　〔じっこん〕　心安く、親しい関係のこと。「昵」は「近づく」、「懇」は「ねんごろ」の意味。

●お金と数にまつわる漢字です。

□石高　〔こくだか〕　武士が米で与えられた扶持高（ふちだか）のこと。「加賀の国、前田家の石高は百万石」などと使われる。

□指値　〔さしね〕　物品の売買を依頼する場合に、値段を指定すること。

□**年俸**

□**泡銭**

□**一朶**

□**万死**

□**一途**

□**万般**

また、指定された値段のこと。

〔ねんぽう〕　一年間いくらと決められた労働に対する報酬のこと。「ねんぼう」ではない。

〔あぶくぜに〕　まじめに働くこと以外で得たお金。また、不正な方法で得たお金のこと。

〔いちだ〕　花のついたひと枝のこと。ひとかたまり。ひとむれという意味も。「一朶の桜」などと使う。

〔ばんし〕　とうてい命が助からないこと。「万死に値する」は、何度死んでも償えないほど重い罪の形容。

〔いちず〕　他のことを考えたりせず、ひとつのことだけに打ちこむ様子。「途」は「みち」という意。

〔ばんぱん〕　すべての物事。いろいろな方面。「災害に備えて、万般の準備を整える」などと使う。

●場所と建物にまつわる漢字です。

□普請

□上がり框

□長押

□裏店

□大字

□家並

〈ふしん〉 建築工事、土木工事。もとは、人びとに請うて、寺院建築などに従事してもらうこと。

〈あがりかまち〉 家屋のあがりくちにある床の端に渡す横木のこと。「あがりがまち」とも読む。

〈なげし〉 日本建築で、柱から柱へと渡して壁に取りつける水平の木のこと。

〈うらだな〉 表通りから引っ込んだ場所にある家。「店舗」とは限らない。表通りの家は「表店」。

〈おおあざ〉 町や村の地名で、小字（こあざ）を含む広い字（あざ）のこと。

〈やなみ〉 建ち並ぶ家々。また、家の並び具合のこと。「屋並」とも書く。「いえなみ」は慣用読み。

□**険路**

〔あいろ〕　狭くて険しい道のこと。転じて、物事を進めるうえで、障害となる事柄をいう。

□**隧道**

〔ずいどう〕　トンネルのこと。「すいどう」とも読む。「天城隧道」など。

□**波止場**

〔はとば〕　船着場。「港」よりも、少し小規模なニュアンスがある。「波戸場」とも書く。

●きちんと読みたい「動詞」の漢字です。

□**萎む**

〔しぼむ〕　水分が失われ、張りがなくなること。なお「萎える」は「なえる」と読む。

□**聳える**

〔そびえる〕　山などが高く立つ様子。「超高層ビルが聳える街」など。

□**遇う**

〔あう〕　同じ「あう」でも、ばったり人と出会ったときに使う

□購う
□与る
□矯める
□頷く
□逸る
□擡げる

書き方。
【あがなう】 買い求めること。あるものを代償にして手に入れること。一方、「贖う」と書くと、読み方は同じだが、意味は違い、罪を償うという意。
【あずかる】 物事に関わりを持つこと。目上の人から、厚意の表れとして何かを受けること。「おほめに与る」など。
【ためる】 曲がったものをまっすぐにする、矯正する。「角を矯めて牛を殺す」など。
【うなずく】 同意を表すため首を縦に振ること。「うなづく」とルビをふるのは間違い。
【はやる】 勇み立つ。なお「逸れる」は「それる」、「逸する」は「いっする」と読む。
【もたげる】 持ち上げる。「蛇が鎌首を擡げる」など。

□**諦める**

□**差し支える**

□**免れる**

□**滴る**

□**孕む**

□**蘇る**

□**統べる**

□**嗜む**

〔あきらめる〕　望んでもかなわないことがわかって、望むのをやめること。

〔さしつかえる〕　支障となる。なにかをしようとしたときに都合の悪いことが起きること。

〔まぬかれる〕　好ましくないことから逃れること。「左遷を免れる」などと用いる。「まぬがれる」とも読む。

〔したたる〕　液体が滴（しずく）となって落ちること。みずみずしさが溢れかえること。

〔はらむ〕　妊娠すること。「妊む」とも書く。

〔よみがえる〕　死んだ者が生き返ること。一度衰退したものが、また盛んになること。「甦る」とも書く。

〔すべる〕　統率する、ひとつにまとめる、束ねるといった意味。

〔たしなむ〕　芸事などを習って身につけること。好んで熱心に

□譬える
□啜る
□喋る
□撓う
□凌ぐ
□捩る
□紡ぐ

することと。「書道を嗜む」など。

〔たとえる〕 わかりやすく説明するため、似た事柄に置き換えて話すこと。「喩える」とも書く。

〔すする〕 茶や麺類などを吸い込むように口に入れること。

〔しゃべる〕 ものを言うこと。口数多く話すこと。「彼はひたすら喋り続けた」などと用いる。

〔しなう〕 柔らかに曲がる。「竹が撓う」など。「撓める」は「たわめる」と読む。

〔しのぐ〕 苦難を乗り越えること。あるものを抑えてそれ以上になること。

〔よじる〕 ねじる。ひねる。ひねって曲げ、よれた状態にすること。

〔つむぐ〕 綿や繭から繊維を引き出して、よりをかけて糸にす

□辿る

□因む

□斃す

□詰る

□嘗める

□労う

□苛立つ

ること。

〔たどる〕 道筋に沿って目指す方向へ進むこと。手さぐりで進むこと。「茨の道を辿る」など。

〔ちなむ〕 ある物事との関係をもとにして、他の物事が存在すること。「因る」は「よる」と読む。

〔たおす〕 倒して殺すこと。「暴君を斃す」など。

〔なじる〕 相手の欠点を責めること。「詰まる」は「つまる」。

〔なめる〕 舌先で味をみること。辛く苦しい経験をすること。「苦杯を嘗める」「辛酸を嘗める」など。

〔ねぎらう〕 相手の労苦をいたわること。「労る」は「いたわる」と読む。

〔いらだつ〕 思いどおりにならず、イライラすること。

□苛まれる
□実を取る
□拐かす
□萌す
□軋む
□擽る
□蒙る
□寛ぐ

〔さいなまれる〕　苦しめられること。いじめられること。「後悔に苛まれる」などと用いる。
〔じつをとる〕　中身・実質を自分のものにすること。「勝負に負けても実を取った」など。
〔かどわかす〕　人を無理やり、あるいはだまして連れ去ること。
〔きざす〕　草木の芽が出ようとすること。物事や考えが起こる気配があること。「萌える」は「もえる」。
〔きしむ〕　物同士が擦れあって音を立てること。
〔くすぐる〕　皮膚への軽い刺激で、笑いだしたくなる感覚にさせること。人をいい気持ちにさせること。
〔こうむる〕　災いを受けること。「台風で被害を蒙った」など。「被る」とも書く。
〔くつろぐ〕　仕事などを忘れて、心身をゆったりと休めること。

□**祟る**

□**驕る**

□**妬む**

□**陥れる**

□**躊躇う**

□**竦む**

楽な恰好になること。

〔たたる〕　怨霊などが人々に不幸をもたらすこと。「崇める」は違う漢字で「あがめる」と読む。

〔おごる〕　地位などを誇り、思いあがったふるまいをすること。「驕る平家は久しからず」など。

〔ねたむ〕　人の成功などをうらやましく思い、憎むこと。なお「嫉む」は「そねむ」と読む。

〔おとしいれる〕　罪を着せるなどして、悪い立場に追いやること。なお「陥る」は「おちいる」と読む。

〔ためらう〕　あれこれ思い悩んで迷う。「決断を躊躇う」など。「躊躇」だけなら「ちゅうちょ」と読む。

〔すくむ〕　恐怖などから、体が動かなくなること。「足が竦む」「身を竦める」など。なお「竦れる」は「おそれる」と読む。

□費える

〔ついえる〕　消費してなくなる。「貯えが費える」など。「費やす」は「ついやす」と読む。

□褪せる

〔あせる〕　色が落ちる。勢いが衰える。「栄光が色褪せる」など。

□昂る

〔たかぶる〕　感情が高揚すること。「気持ちが昂る」など。「昂奮」は「興奮」とほぼ同じ意味。

●ちょっと難しい「動詞」の漢字です。

□後退りする

〔あとずさりする〕　前を向いたまま、後ろのほうに下がること。「あとじさり」ともいう。

□論う

〔あげつらう〕　物事の道理や不正を、あれこれ論ずること。「人の欠点を論うのはよくない」など。

□煌めく

〔きらめく〕　光り輝くこと。「夜空に星が煌めく」などと使われる。派手で目立つことの形容にも用いられる。

□寂れる
□肯ずる
□諳んずる
□革める
□諫める
□勤しむ
□慈しむ

〔さびれる〕 かつては盛んだったところが、衰えてさびしくなること。「荒びれる」と書くと、より荒れはてた感じになる。

〔がえんずる〕 承知すること。認めること。本来は「肯定しない」ことだったが、逆の意味になった。

〔そらんずる〕 暗記する。暗誦する。そらで憶える。「そらんじる」ともいう。

〔あらためる〕 新しい状態にすること。「改める」よりも改革の程度が大きいニュアンス。

〔いさめる〕 誤りや、良くない点を改めるように告げること。とくに目上の人に対していうときに使う。

〔いそしむ〕 学問や仕事などを一生懸命つとめ、励むこと。「寸暇を惜しんで、学業に勤しむ」などと使う。

〔いつくしむ〕 愛すること、かわいがって、大切にすること。

□奉る

□嘯く

□屯する

□誑かす

□耽る

□糾う

「わが子を慈しむ親の愛情」など。

〔たてまつる〕 目下から目上の人に、献上すること。あるいは動詞につく謙譲語。「願い奉る」など。

〔うそぶく〕 大きなことを言うこと。あるいは、口笛を吹く、詩歌を口ずさむという意も。

〔たむろする〕 仲間や特定のグループのメンバーが集まること。「屯」は、「屯営」など、軍隊でよく使われた文字。

〔たぶらかす〕 嘘で人を欺き、惑わすこと。「色気で男性を誑かす」など。

〔ふける〕 没頭すること、熱中すること。「心を奪われ、自制心を失い、おぼれる」ことにも使われる。

〔あざなう〕 縄や糸をなうこと。寄り合わせること。「禍福は糾える縄のごとし」はよく知られた成句。

□娶る
〔めとる〕　妻として迎えること。「妻＝め」を「取る」が語源。「友人の妹を娶ることになった」など。

□見做す
〔みなす〕　見て「そういうものだ」と判断すること。「看做す」とも書く。

□脂下がる
〔やにさがる〕　得意になって、ニヤニヤする様子のこと。「美人の嫁さんと結婚してから、脂下がりっぱなし」など。

□弁える
〔わきまえる〕　正しい判断をして、理にかなった行動をとること。物事の道理を理解すること。

●読めたらスゴい！　「動詞」の漢字です。

□噎ぶ
〔むせぶ〕　息がつまるほど泣くこと。また、食べ物をのどにつまらせ、咳が出ること。「咽ぶ」とも書く。

□犇く
〔ひしめく〕　人や物が集まって、押し合い、動きどよめくこと。

□擲つ

□惚ける

□嘲笑う

□暮れ泥む

□閲する

□寿ぐ

「群衆が犇き合う」などと使う。

〔なげうつ〕投げつけること、投げ捨てること。「慈善事業に全財産を擲つ」などと使う。

〔ほうける〕頭がぼけること。夢中になることもいい、「遊び惚ける」などと使う。「ぼける」とも読む。「惚気る」は「のろける」と読む。

〔あざわらう〕馬鹿にして、冷ややかに笑うこと。あざけ笑うこと。「せせらわらう」とも読む。

〔くれなずむ〕暮れそうでいて、なかなか暮れない様子。

〔けみする〕調べること、検査すること。また、時間を要する意味でも使う。「十年の歳月を閲する」など。

〔ことほぐ〕祝福の言葉を述べること。喜びの言葉をいうこと。「言祝ぐ」とも書く。

□**周章てる**
□**嘶く**
□**蠢く**
□**漲る**
□**滾る**
□**謀る**
□**宥める**

（あわてる） 準備をしていなかったために、うろたえ、騒ぐこと。「慌てる」とも書く。「周章狼狽」の「周章」。

（いななく） 馬が声高く鳴くこと。「出走馬の嘶きが競馬場にこだまする」など。

（うごめく） もぞもぞ動くこと。正体不明のものが、ひそかに動くことを表す。

（みなぎる） 盛んで満ちあふれる様子。「あの人は自信が漲っている」などと使う。

（たぎる） わきあがること。「若い情熱が滾る」などと使う。お湯が煮立つことや、急流の激しい流れにもいう。

（たばかる） 計略をめぐらせて、人をだますこと。「はかる」とも読む。「謀」一字で「はかりごと」とも読む。

（なだめる） 怒っている人をたしなめたり、悲しんでいる人を慰めること。

□迸る
〔ほとばしる〕 勢いよく飛び散ること。「川の水が迸る」「情熱が迸る」などと使う。

□微睡む
〔まどろむ〕 少しの間、とろとろと眠ること。軽く、うとうとすること。

□捲し立てる
〔まくしたてる〕 勢いよく言うこと。「べらんめえ調で捲し立てる」など。

□悪怯れる
〔わるびれる〕 卑屈に未練がましくふるまうこと。「悪怯れたところがない」という形でよく使う。

□縺れる
〔もつれる〕 糸、紐がからむさま。事情がからんで混乱するさま。「糸が縺れる」「男女関係の縺れ」など。

●料理と食べ物にまつわる漢字です。

□筍
〔たけのこ〕 竹の地下茎から出る若芽。次々に現れることを

「雨後の筍」という。

□直火

〔じかび〕　料理で、食材に直接火を当てること。「直火焼きの肉や野菜を美味しく食べる」などと使う。

□雑炊

〔ぞうすい〕　米と一緒に野菜や味噌などを炊きこんだ料理。

□青梗菜

〔チンゲンサイ〕　アブラナ科の中国野菜。ビタミン、カルシウム、鉄、食物繊維などの栄養素を豊富に含む。

□煎茶

〔せんちゃ〕　お茶の新芽を蒸して製茶したもの。

□銘々皿

〔めいめいざら〕　食べ物を一人一人に取り分けるための皿。

□熟柿

〔じゅくし〕　十分に成長し、よくうれた柿。「熟柿が落ちるのを待つ」といえば、環境が整うまでじっくり待つことの形容。

□蚕豆

〔そらまめ〕　食用の豆。「空豆」とも書く。おたふくの顔の形に似ているところから、「おたふく豆」とも。

□一献

〔いっこん〕　一杯の酒。「一献、いかがですか」は、酒をすす

□胡椒

□潮汁

□粳米

□店屋物

□柳葉魚

□皿鉢料理

□鋤焼

めたり、酒席に誘うときに使う定番フレーズ。

〔こしょう〕　コショウ科のつる性常緑低木。香辛料。果実を乾燥させ、細かく砕いて使う。

〔うしおじる〕　塩で味つけし、鯛などの魚や貝を具にしたお吸い物。「しおじる」ではない。

〔うるちまい〕　ふつうの米のこと。餅をつくるときには「糯米（もちごめ）」が使われる。

〔てんやもの〕　飲食店で売っている料理。あるいは取り寄せる料理。「昼食を店屋物ですませる」などと使う。

〔シシャモ〕　焼いて食べる魚のシシャモ。もとはアイヌ語。

〔さわちりょうり〕　山海のさまざまな料理を大皿にもり、銘々が取り分けて食べる高知県の名物料理。

〔すきやき〕　牛肉、ネギなどを醤油や砂糖をあわせたタレで煮焼きする料理。鋤の金属部分で肉を焼いて食べたことから。

□鱶鰭

〔ふかひれ〕　中華料理の高級食材のひとつ。鱶の鰭の外側を取り去ってさらし、乾燥させたもの。

□好餌

〔こうじ〕　好い餌。人を誘惑する手段。さらに、批判を誘うもの。「マスコミの好餌となる」など。

●「形容詞」「副詞」の漢字を知っていますか？

□微か

〔かすか〕　やっと感じ取れる程度。細々としたさま。「微かな物音にも気づく」などと用いる。

□凡そ

〔およそ〕　物事のだいたいのところ、おおまかにいってといった意味。

□雄々しい

〔おおしい〕　男らしいさま。勇ましいさま。「息子は雄々しく育った」などと用いる。

□気忙しい
□自ずと
□概ね
□妖しい
□奥床しい
□且つ
□全て
□世知辛い

〔きぜわしい〕　せっかちな様子。落ち着かない様子。

〔おのずと〕　ひとりでに。しぜんに。「何度も現場に足を運べば、自ずと問題の本質が見えてくる」など。

〔おおむね〕　だいたい。「その方針に概ね賛成です」などと用いる。

〔あやしい〕　不思議な感じ、神秘的な感じがすること。女性の危険な美しさの形容にも使う。

〔おくゆかしい〕　慎み深く、細やかな気配りがあるということ。

〔かつ〕　二つのことが同時に行われることを表す。「支社長に昇進し、且つ取締役となる」などと用いる。

〔すべて〕　ことごとく、ひとつも残さず、という意味。「信頼を全て失ってしまった」などと用いる。

〔せちがらい〕　暮らしにくいさま。計算ずくで、ゆとりがない

□拙い
□賢しら
□愛しい
□朗らか
□斯くて
□先ず
□宜しく
□脆い

さま。「世知」は世渡りの才能。
〔つたない〕 物事に巧みでないこと。能力が劣っていること。「拙い文章」などと用いる。「まずい」とも読む。
〔さかしら〕 利口ぶること。わかったようにふるまうこと。
〔いとしい〕 かわいいと思うさま。「愛し子」「愛しく思う」など。
〔ほがらか〕 こだわりなく快活なさま。
〔かくて〕 このようにして。
〔まず〕 最初に。また、打ち消しの言葉を伴って、ほとんどのという意味にも使う。「先ず、ありえない」など。
〔よろしく〕 適当に、うまい具合にという意味。「宜しくお願いします」は、定番の挨拶言葉。
〔もろい〕 壊れやすいこと。粘りが足りないこと。「情に脆い」

「守勢に回ると脆い」などと用いる。

●ちょっと難しい「形容詞」「副詞」の漢字です。

□予め
□恭しい
□賑々しい
□偏に
□漸く

〈あらかじめ〉　前もって。物事が起こる前から。「変更もありえますので、予めご了承ください」など。

〈うやうやしい〉　礼儀にかなっていて丁寧な様子。「お得意様を恭しく出迎える」などと使う。

〈にぎにぎしい〉　とてもにぎやかな様子。「会合は賑々しく始まった」などと使う。

〈ひとえに〉　ひたすら、ただただ、まったく。「会社が発展したのは、偏に社長の努力の賜物だ」など。

〈ようやく〉　やっと、どうにか、のほか、少しずつという意味もある。「漸く全貌が見えてきた」などと使われる。

□**況んや**

□**懇ろ**

□**強ち**

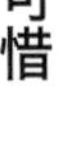

□**可惜**

□**赫々たる**

□**嘗て**

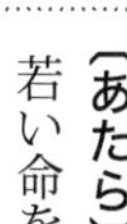

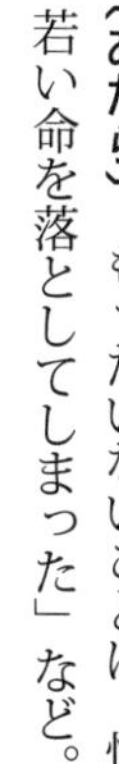

〈いわんや〉　言うまでもないこと。もちろん、ましてという意味も。「何をか言わんや」は決まり文句。

〈ねんごろ〉　こまやかでやさしく丁寧な様子。また、男女が隠れて関係を持つこと。「懇ろな関係」など。

〈あながち〉　否定形をともなって「かならずしも」という意味。「強ち間違いとは断定できない」など。

〈あたら〉　もったいないことに、惜しくも、という意味。「可惜、若い命を落としてしまった」など。

〈かっかくたる〉　赤く輝いている様。また、手柄や成果が際立って目立つ様子のこと。「赫々たる戦果をあげる」など。「かくかく」とも読む。

〈かつて〉　昔のこと。また、否定形では、一度も、の意味になる。後者は「嘗て見たことがない」などと使う。

□姦しい
□暫く
□具に
□忽ち
□敢えて
□甚だ
□忙しない

（かしましい）　うるさい、やかましい、騒々しいこと。「囂しい」とも書く。

（しばらく）　少しの間。時間を経た場合にも「暫く会わなかった」などと使う。『暫』は歌舞伎十八番の外題。

（つぶさに）　ことこまかに、もれなく。「事件の詳細を具に調べる」などと使う。「悉に」「備に」とも書く。

（たちまち）　あっという間に、きわめて短い時間のうちに。「忽ち売り切れた」などと使う。

（あえて）　おしきって、しいて。「敢えて取り組む」「敢えて直言する」など。

（はなはだ）　非常に、とても、の意味。「甚だ簡単ではありますが、祝辞とさせていただきます」などと使う。

（せわしない）　忙しいさま。「忙しい」は「いそがしい」と読む。

□口惜しい

〔くやしい〕 後悔する思い。力を存分に発揮できなかったときなどに使う。「悔しい」とも書く。

●読めたらスゴい！ 「形容詞」「副詞」の漢字です。

□況して

〔まして〕 なおさら。ことさら。「ビールでも酔うのに、況して日本酒ではひっくり返る」などと使う。

□只管

〔ひたすら〕 いちずに。ひとすじに。ただ、ひとつのことに心を向けること。「一向」とも書く。

□悉く

〔ことごとく〕 残らず。すべて皆、ということ。「悪事が悉く露見する」などと使う。

□恰も

〔あたかも〕 ちょうど。まるで。「ちょうど、そのとき」という意味もあり、「とき恰も海水浴シーズン」などと使う。

□苟も

〔いやしくも〕 かりにも。かりそめにも。「苟も警察官ともあろう者が、罪を犯すとは何事だ」などと使う。

□焉んぞ

〔いずくんぞ〕 どうして。なぜ。多くの場合、疑問や反語の意味で用いる。

□徐に

〔おもむろに〕 動きが静かでゆっくりしている様子。

□濃やか

〔こまやか〕 心がこもっていることや、情の厚いことをいう。「愛情濃やか」などと使う。

□漫ろ

〔そぞろ〕 心が落ち着かない様子。「気も漫ろ」など。「なんとなく」という意味もあり、「漫ろ歩き」などと使う。

□徐ら

〔やおら〕 ゆっくりと。静かに。

●人と身体にまつわる漢字です。

□仲人

〔なこうど〕 中に立って橋渡しをする人。とくに結婚の仲立ちをする人。

□除け者

□山家育ち

□継母

□研師

□店子

□虚無僧

□貴賓

〔のけもの〕　仲間から遠ざけられた人。「社内で除け者扱いされた」などと用いる。

〔やまがそだち〕　山里に育った人のこと。「山家」は、山里にある家。

〔ままはは〕　血のつながりのない母。「継子(ままこ)」は、血のつながらない子ども。

〔とぎし〕　包丁やハサミ、鏡などを研ぐのを職業とする人。

〔たなこ〕　家主からその貸家を借りている人。借家人のこと。「大家と店子は親子も同然」などと用いる。

〔こむそう〕　普化宗(ふけしゅう)の有髪(うはつ)の僧。深編笠をかぶり、首に袈裟(けさ)をかけ、尺八を吹きながら諸国を行脚した。

〔きひん〕　名誉・地位のある客人。身分の高い客。「貴賓室にお通しした」などと使う。

□戸主

□食客

□棟梁

□篤農家

□肋骨

□目頭

□雀斑

（こしゅ）　律令制で、家の代表者のこと。また戦前の民法では、家の統率者を指したが、戦後に廃止。

（しょっかく）　客分として自分の家に抱えおく人。「しょっきゃく」ではない。

（とうりょう）　一族、一門の統率者。大工の親方。建物の棟（むね）と梁（はり）が、重要な部分であることから。

（とくのうか）　農業に熱心で、研究心に富んだ人。

（ろっこつ）　あばらぼね。背骨と胸骨に付いて、輪郭を形成する弓形の長骨。人間の場合、左右十二対。

（めがしら）　鼻に近いほうの、目の端。目元。「目頭が熱くなる」は、感動して涙が出そうになること。

（そばかす）　頬や鼻など、主に顔にできる小さな薄茶色の斑点。「雀斑が気になる」など。

□放屁
□清楚
□眼窩
□欠伸
□胡座
□手力
□靨
□面皰

〈ほうひ〉　屁をひること。「ほうへ」と読まないように。
〈せいそ〉　清らかで飾り気のない様子。主に女性に対して「清楚な雰囲気」などと使う。
〈がんか〉　眼球がおさまっている頭蓋骨の穴。目の入っているくぼみ。
〈あくび〉　眠いとき、飽きたときなどに、口を大きく開いてする呼吸運動。「退屈で欠伸が出る」など。
〈あぐら〉　両膝を左右に開き、両足を組んで座ること。
〈たぢから〉　腕の力。「てぢから」と読む人が増えているが、まだ辞書には載っていない。
〈えくぼ〉　笑うとき、頰にできる小さな窪み。「笑窪」とも書く。「彼女の靨は、魅力的だ」など。
〈にきび〉　思春期の男女の顔などに生じる吹出物。皮脂の分泌が増え、毛孔に詰まって、炎症を起こしたもの。

□腋臭

〔わきが〕脇の下から不快な臭いを発する状態のこと。

□疣

〔いぼ〕表皮の一部が増殖して盛り上がったもの。

□汗疹

〔あせも〕汗をかいたあと、皮膚にできる赤く小さなできもの。

□項

〔うなじ〕首の後ろの部分。えり首。「うなだれる」は「項垂れる」と書く。

●どういうモノかわかりますか？

□蚊帳

〔かや〕夏の夜、蚊や害虫の侵入を防ぐため、四隅を釣って寝床を覆う道具。

□書翰

〔しょかん〕手紙のこと。最近は「書簡」と書くことが多い。

□古伊万里

〔こいまり〕江戸時代に焼かれた伊万里焼。伊万里焼は、佐賀県有田地方で産する焼き物。

□膏薬

□短冊

□坩堝

□牝馬

□方舟

□家鴨

□風袋

□舳先

〔こうやく〕　膏（あぶら）を練って固めた外用薬。

〔たんざく〕　和歌や俳句、あるいは願いごとなどを書くための細長い紙。

〔るつぼ〕　さまざまなものが混じりあっている状態。「人種の坩堝」など。興奮に沸く状態。「興奮の坩堝」など。

〔ひんば〕　めすの馬。おすの馬は「牡馬（ぼば）」。一方、「雌馬」は「めうま」と読む。

〔はこぶね〕　四角い形の船のこと。「箱船」とも書くが、「ノアの方舟」は、「方舟」を使う。

〔あひる〕　マガモを改良し、飼い鳥としたもの。

〔ふうたい〕　はかりで物の重さを量るとき、それを入れてある容器や袋。

〔へさき〕　船の前の部分、船首のこと。逆に船の後方部分は「艫（とも）」。

□船縁　〔ふなべり〕　船の左右のへりのこと。「船端（ふなばた）」とも。「船縁から、海を見下ろす」などと用いる。

□簀子　〔すのこ〕　板や竹を少しずつ間を空けて並べ、横板に打ちつけたもの。

□甲板　〔かんぱん〕　デッキ。船の上部で木板などをはった床。「こうはん」とも読む。

□硝子　〔ガラス〕　化学的にいうと、液体を溶融状態から冷ましたとき、原子の配列が不規則に固化した物質。

□雲母　〔うんも〕　六角形状の結晶をしている珪酸塩鉱物。「きらら」「うんぼ」とも読む。

●スラスラ読みたい「三文字」の漢字です。

□亜細亜　〔アジア〕　ユーラシア大陸のヨーロッパ以外の地域。

□**小悪魔**
□**世迷言**
□**耕耘機**
□**不貞寝**
□**漸進的**
□**信憑性**
□**初七日**

〔こあくま〕　小さな悪魔。男性を惑わす女性を表す語として用いられることが多い。「小悪魔的」など。

〔よまいごと〕　わけのわからない不平や愚痴。「よまよいごと」と読まないように。

〔こううんき〕　田畑を耕すための農業機械。土をすき起こしたり、土の塊を砕いたりする機械。

〔ふてね〕　ふてくされて寝ること。「不貞」は当て字。

〔ぜんしんてき〕　段階を追って、少しずつ前進するさま。反意語は「急進的」。

〔しんぴょうせい〕　信用できる度合い。「憑」は頼る、よりどころ。「その話は、信憑性に欠ける」など。

〔しょなのか〕　故人が亡くなって七日目。または七日目に行われる法要。「しょなぬか」とも読む。

□農閑期（のうかんき）　農作業がひまな時期。農作業が忙しい時期は農繁期。

□地鎮祭（じちんさい）　家やビルなどを建てる際、工事の安全を土地の氏神に祈願する儀式。

□手水鉢（ちょうずばち）　手などを洗うために水をためる鉢。なお「手水舎」は「てみずや」「ちょうずや」と読む。

□韋駄天（いだてん）　足の速い人のこと。もとは、バラモン教の神であり、仏法の守護神。

□枯山水（かれさんすい）　石と砂を配して、風景を表現する庭園様式。水を使わずに海や川を表す。

●頭に入れておきたい「三文字」の漢字です。

□放生会（ほうじょうえ）　仏教儀式。本来は、殺生を禁じる仏教の考え

□都々逸

□已然形

□強談判

□寿限無

□古強者

□破礼句

方に基づき、捕らえた生き物を野に放つ儀式のこと。

〔どどいつ〕　江戸後期に流行した七七七五の四句からなる俗謡。都々一坊扇歌(どどいつぼうせんか)が流行らせた。

〔いぜんけい〕　文語の活用形のひとつ。「已」を「巳」や「己」と混同しないように。

〔こわだんぱん〕　自分の主張を、強く押し通そうとする交渉やその態度。「彼の強談判ぶりに圧倒された」など。

〔じゅげむ〕　落語の噺のひとつ。生まれた子に、おめでたい名前をつけたくて、長い名前になってしまう前座噺。

〔ふるつわもの〕　多くの戦いを経験した老兵。そこから、その道のベテランのこともいう。「古兵」とも書く。

〔ばれく〕　「破礼」はみだらなこと、いわゆる「下ネタ」。「破礼句」は「みだらなことを詠んだ川柳」のこと。

□遊冶郎
（ゆうやろう）　酒色におぼれた男のこと。放蕩者。「遊冶」は、遊びにふけり、容姿を飾ること。

□暑気中
（しょきあたり）　夏の暑さのために、体調を崩したり、病気になったりすること。夏の季語。

□揺籃期
（ようらんき）　ゆりかごに入っているような幼い頃のこと。比喩的に、物事が発達する最初の時期。

●暦と気候に関わる漢字です。

□雨水
（うすい）　二十四節気のひとつ。二月十九日頃。雪や氷が解けはじめる時期。

□新盆
（にいぼん）　故人が亡くなって初めて迎えるお盆。「あらぼん」とも読む。

□文月
（ふづき）　陰暦七月の別名。「ふみづき」とも。〝文の月〟と書

□黄昏
□穀雨
□夜半
□俄雨
□野分
□群雲
□東風

くのは、七夕の短冊に、書道上達の願いを託したことに由来。
〔たそがれ〕 夕方の薄暗い頃。人生の盛りを過ぎた年代にも用いる。
〔こくう〕 二十四節気のひとつ。四月二十日頃。春の雨が穀物を潤すことから。
〔やはん〕 夜中のこと。「夜半には雨になるでしょう」などとよく使われる。「よわ」とも読む。
〔にわかあめ〕 突然降り出し、すぐにやんでしまう雨。「突然の俄雨に驚いた」など。
〔のわき〕 秋から初冬にかけて吹く強い風。台風。秋の季語。「のわけ」とも読む。
〔むらくも〕 一カ所に群がり、集まった雲。「叢雲」とも書く。
〔こち〕 東から吹く風。春風。「東風吹かばにほひおこせよ梅

□驟雨

□物日

□芒種

□東雲

□出穂期

□桜桃忌

の花あるじなしとて春な忘れそ」（菅原道真）の歌が有名。

（しゅうう） にわか雨のこと。短時間でやむ雨。もしくは激しく降る雨。

（ものび） お祝いや祭りなど、特別なことが行われる日。「物日には、生花がよく売れる」など。

（ぼうしゅ） 二十四節気のひとつ。六月六日頃。「芒（のぎ）」のある穀物の種を播く季節。

（しののめ） 明け方、東の空がわずかに明るくなる頃。「東雲の」は、「明く」「ほがら」などにかかる枕詞。

（しゅっすいき） 「出穂」は稲などの穂が出ること。出穂期は、およそ半分の茎から出穂する時期。

（おうとうき） 作家の太宰治の命日。六月十九日。死の直前に発表された短編小説『桜桃』にちなむ。

□遅霜
〈おそじも〉　四月や五月になって降りる霜。「晩霜」とも書く。

□空梅雨
〈からつゆ〉　雨があまり降らない梅雨。「そらつゆ」と読まないように。

●動物・植物とつながりがある漢字です。

□虫酸
〈むしず〉　胸がむかついたときに口から出る、酸っぱい胃液。「虫酸が走る」は、不快でたまらないこと。

□狐狸
〈こり〉　キツネとタヌキ。どちらも人をだますとされることから、人をだます人物のたとえにも用いる。

□禽獣
〈きんじゅう〉　鳥やけだもの。禽は鳥類のこと。「禽獣にも劣る」など。

□獣道
〈けものみち〉　山林にある、獣の通る道。人間が行き交ううちに自然にできた細い道にも用いる。

□午餐
□蓑虫
□芝生
□猿轡
□鹿威し
□鳥瞰図
□雄蕊
□空蝉

（ごさん） 昼食。または昼食をとること。「午餐に招かれる」「受賞を祝う午餐会が開かれた」など。

（みのむし） ミノガ科のガの幼虫。木の葉や枝を使って巣をつくり、枝からぶら下がる。

（しばふ） 芝が一面に生えている場所。「隣の芝生は青い」など。

（さるぐつわ） 声が出せないように、口にかませる布。その様子が、馬具の轡を猿にかませたように見えることから。

（ししおどし） 竹筒に水を流し、水が溜まるとその重みで傾き、石を打ち、音を出す仕掛け。

（ちょうかんず） 鳥が空中から地上を見おろしたように描かれた図。

（おしべ） 種子植物の花の中にある、花粉を飛ばす部位。

（うつせみ） セミの脱け殻。

□華燭

□鯉幟

□蟹行

□梨の礫

□雲雀

□嘴

〈かしょく〉　婚礼の席などの華やかなともしびのこと。または婚礼のこと。「華燭の典」は婚礼の美しい言い方。

〈こいのぼり〉　五月五日の端午の節句に、男の子の成長を祈って飾る幟。

〈かいこう〉　蟹が歩くこと。蟹のように、横に歩くこと。欧文は横に綴ることから、欧文で書くことも指す。

〈なしのつぶて〉　返事のないこと。便りのないこと。「礫」は投げつける小石。

〈ひばり〉　春の訪れを告げる小鳥。高空でさえずることから、こう書かれるようになった。

〈くちばし〉　鳥類の口器。上下の顎が突き出し、角質化したもの。「嘴が黄色い」は、若く幼稚なこと。

4

知性が問われる教養漢字〈上級編〉

●ちょっとややこしい漢字です。

□尖塔

□骰子

□更紗

□緞帳

□抽斗

□栞

〔せんとう〕　てっぺんがとがっている建造物。ゴシック建築の塔のスタイルとして始まったといわれる。

〔さいころ〕　すごろくや博打の道具。「賽子」とも書く。

〔サラサ〕　人物や花鳥、幾何学模様などを染めたり描いたりした布。もとはポルトガル語の「サラサ」。

〔どんちょう〕　舞台や芝居などで使われる、巻き上げ式の幕。風景画や絢爛な絵柄が描かれることが多い。

〔ひきだし〕　机やタンスなどに取り付けられている入れ物。「抽出」「引き出し」とも書く。

〔しおり〕　読みかけの本にはさんで、目印とするもの。また、初心者のために、やさしく解説した冊子

□雄図

□妄執

□絢爛

□瑕疵

□瓦解

□余燼

□外連

〔ゆうと〕 雄大な企画、壮大な計画のこと。「将来を嘱望されたが、雄図半ばにして他界した」など。

〔もうしゅう〕 迷いがあるために、かかえている妄念。悟りきれずにいるために生じる執念。「妄執にとらわれる」など。

〔けんらん〕 まぶしいほどに、きらびやかで華やかな様子。「絢」一字は「あや」と読む。

〔かし〕 キズや欠点、短所のこと。「瑕」は玉にあるキズのこと、「疵」は身体のキズや物のキズ、欠点のこと。

〔がかい〕 一部の崩れから、すべてが崩壊すること。屋根の瓦は一部の崩れから総崩れになることもあるから。

〔よじん〕 燃え残った火のこと。比喩的に、一段落した後も一部に残る影響にも使う。「余燼がくすぶっている」など。

〔けれん〕 ごまかし、はったり。もとは芝居で、俗人受けをね

□鳩合

□桎梏

□啓蒙

□真摯

□瓦礫

□傘寿

らった早替りや宙返りなどの見た目重視の演出。

〔きゅうごう〕 寄せ集めて、ひとつにまとめること。この「鳩」は「集める」という意味。

〔しっこく〕 生きていくうえで縛りとなるもの。「桎梏から逃れられない」など。「梏桎（こくしつ）」も同じ意味。

〔けいもう〕 知識不足の人を啓発して、正しい知識を教え導くこと。「啓」はひらくこと、「蒙」は物事に暗いこと。

〔しんし〕 まじめで、ひたむきな様子。「真摯な態度」などと使われる。「摯」は「いたる」という意。

〔がれき〕 瓦と小石のこと。そこから、役に立たないガラクタのこと。「礫」は「つぶて」とも読む。

〔さんじゅ〕 「傘」の俗字が「仐」と書かれ、「八」と「十」に分解できることから、八十歳、また八十歳の長寿のお祝い。

●それなりにややこしい漢字です。

□懊悩
□冤罪
□苛々
□批准
□微塵
□吝嗇

〈おうのう〉 悩み、もだえること。「懊」には、なやむ、悲しむ、悔いる、といった意味がある。

〈えんざい〉 無実の罪。ぬれぎぬ。「冤罪事件が後を絶たない」などと使う。

〈いらいら〉 思いどおりにことが進まず、あせる様子。「苛々がつのる」など。

〈ひじゅん〉 国際間の条約を国家として最終的に確定させる同意のこと。「国会が条約を批准する」など。

〈みじん〉 こまかいチリやホコリ。ごくわずかなことのたとえ。「やましいところは微塵もない」など。

〈りんしょく〉 極端に物やお金を惜しむこと。ケチ。「吝嗇家」

□放埒

□訥弁

□剔出

□稀覯

□邂逅

□浚渫

はケチな人のこと。「吝」も「嗇」も「おしむ」の意。

〔ほうらつ〕 好き放題にふるまうこと。馬が、「埒」から放たれ、自由に動きまわることから。

〔とつべん〕 つっかえつっかえしながら話す様子。反対語は「能弁」。

〔てきしゅつ〕 えぐりだすこと。「患部を剔出する」などと使う。「剔る」で「えぐる」、あるいは「そる」と読む。

〔きこう〕 なかなか見ることができないこと。「稀覯本」はひじょうに珍しい本。

〔かいこう〕 思いがけなく出会うこと。「邂」は「めぐりあうこと」、「逅」は「ふとめぐりあい、うちとける様子」。

〔しゅんせつ〕 水底をさらって、土砂を取り除くこと。「浚」も「渫」も、さらう、という意味。「浚渫船」など。

□臙脂
□化生
□瑞兆
□散華
□譴責
□結縁

（えんじ）　黒みがかった紅色。「臙」の「燕」は古代中国の国「燕」のこと。そこでとれたベニバナからつくられたベニに由来。

（けしょう）　仏、菩薩が姿を変えて現れること。また、母体や卵からではなく、超自然的に、生まれること。

（ずいちょう）　なにかめでたい前兆のこと
（さんげ）　もとは、仏を供養するため、花を散布すること。また、戦死を美化した表現でもある。

（けんせき）　過失や失態を厳しく責めること。ただし、公務員に対する懲戒処分としてはもっとも軽いもの。「譴める」で「せめる」と読む。

（けちえん）　仏道に帰依（きえ）すること。人間同士が縁故を結ぶことや関係が生じることもいう。

●そう簡単には読めない漢字です。

□開闢
□滂沱
□欺罔
□手薬煉
□眷属
□悉皆

〔かいびゃく〕　天地の始まり、世界の始まり。転じて、物事の始まり。「開」も「闢」も「ひらく」という意味。

〔ぼうだ〕　とめどなく涙が流れる様子。また、雨が激しく降る様子。「滂」も「沱」も水が流れる様子を指す。

〔ぎもう〕　あざむくこと。法律用語として使われる場合には、相手の錯誤を招くよう、事実を偽ることをいう。

〔てぐすね〕　十分な用意をして、待ちかまえる様子。

〔けんぞく〕　親族、身内のこと。さらに、その郎党や従者のことも指す。「眷族」とも書く。

〔しっかい〕　残らず、すべて。「悉」は「すべて」、「皆」は「みな」を表す。まったく、まるでという意味もある。

□**相聞歌**

□**香華**

□**馥郁**

□**罹病**

□**陋劣**

□**打擲**

□**紐帯**

〔そうもんか〕　『万葉集』の歌の分類のひとつで、唱和、贈答の歌のこと。おもに恋愛に関する歌を指す。

〔こうげ〕　仏前に供える香と花のこと。「こうか」「こうばな」とも読む。

〔ふくいく〕　いい香りがただよう様子。「馥郁たる梅の香り」などと使う。「馥り」で「かおり」と読む。

〔りびょう〕　「病気にかかること」。類義語に「罹患（りかん）」がある。

〔ろうれつ〕　下品で軽蔑すべきこと。「陋劣な手段を使う詐欺師」などと使われる。

〔ちょうちゃく〕　こぶしや棒などで、人を殴ること、叩くこと。「怒りのあまり激しく打擲する」など。

〔ちゅうたい〕　二つのものをつなげる役割を果たすもののこと。「対立する両国の紐帯となる」など。

□外方

□弑逆

□耽読

□浅傷

□訃音

□登攀

□尾籠

〔そっぽ〕 正面ではなく、よそのほう、べつのほう。「外方を向く」は人の話などを聞かずに、あらぬ方向を向くこと。

〔しぎゃく〕 主君や父親を殺すこと。「しいぎゃく」は慣用読みで、本来は「しぎゃく」。

〔たんどく〕 本を夢中になって読みふけること。ただし、漫画や雑誌についてはあまり使わない。

〔あさで〕 軽い傷、浅い負傷のこと。「浅傷だ、安心しろ」などと使う。「浅手」とも書く。反対語は「深傷」。

〔ふいん〕 死亡の知らせ。訃報のこと。「訃音に接する」などと使う。

〔とうはん〕 山や高いところに、よじ登ること。ふつう「とはん」とは読まない。

〔びろう〕 汚いこと、下ネタ。トイレの話をするときに「尾籠な話で恐縮ですが」などと使う。

●ちょっと難しい漢字です。

□喧伝　世間に広く言いふらすこと。「宣伝」と混同しないように。〈けんでん〉
□鍼灸　鍼(はり)と灸のこと。〈しんきゅう〉
□憔悴　やつれる。「憔」も「悴」も、やつれるという意。〈しょうすい〉
□折檻　厳しくいさめること。「子どもを折檻する」など。〈せっかん〉
□洒脱　あかぬけしてさっぱりしたさま。「しゅだつ」ではない。〈しゃだつ〉
□掌握　思いどおりに支配する。「全権を掌握する」など。〈しょうあく〉
□詮索　細かい点まで調べたり、尋ねたりすること。〈せんさく〉
□嘲弄　人を嘲ること。〈ちょうろう〉
□呻吟　苦しみ唸ること。「呻く」で「うめく」と読む。〈しんぎん〉
□凡庸　平凡なこと。とりえがないこと。「凡庸な作品」など。〈ぼんよう〉
□放蕩　酒や女などの道楽にうつつを抜かす様子。〈ほうとう〉
□遡上　遡って上ること。「さくじょう」と読まないように。〈そじょう〉

□造詣　学問や芸術などに深く通じていること。「ぞうし」ではない。（ぞうけい）
□弾劾　不正をあばき、責任を追及すること。「弾劾裁判」など。（だんがい）
□天賦　天から生まれつき授かったもの。「てんぷ」ではない。（てんぷ）
□怯懦　意思が弱く、臆病なこと。（きょうだ）
□黙禱　黙って神や仏に祈ること。（もくとう）
□蒙昧　知識が乏しく道理を知らないこと。「無知蒙昧」など。（もうまい）
□挙措　ふるまい。「挙措を失う」は取り乱すこと。（きょそ）
□怪訝　不審に思うこと。「怪訝な顔」など。（けげん）
□冒瀆　神聖なものをけがす。「神への冒瀆」など。（ぼうとく）
□畏友　尊敬する友人のこと。（いゆう）
□轢死　電車や自動車に轢（ひ）かれて、死亡する。「轢死体」など。（れきし）
□賄賂　役人に送る不正な金品。別名「袖の下」。（わいろ）
□塵埃　塵（ちり）と埃（ほこり）。「塵埃にまみれる」など。（じんあい）
□対峙　向かい合って立つこと。「真正面から対峙する」など。（たいじ）

□梱包　紐で縛って荷造りすること。〔こんぽう〕
□慟哭　大声を上げ、泣きわめくこと。「慟」は嘆くの意。〔どうこく〕
□嗜好　人の好み。「嗜好品」「嗜好が変わる」など。〔しこう〕
□喧騒　騒がしく、うるさいこと。「都会の喧騒」など。〔けんそう〕
□横溢　あふれるほど盛んなさま。「精気が横溢する」など。〔おういつ〕
□怒濤　荒れくるう大波。〔どとう〕
□咆哮　大声で吠えること。その叫び声。〔ほうこう〕
□瑣末　ささいなこと。とるに足らないこと。〔さまつ〕
□参詣　神社や寺に参ること。〔さんけい〕
□憧憬　あこがれること。「どうけい」でもＯＫ。〔しょうけい〕
□媚態　媚びへつらう態度。「媚態を見せる」など。〔びたい〕

●それなりに難しい漢字です。

□諜報　スパイ活動のこと。「諜」は様子を探るという意味。〔ちょうほう〕

□充塡　空所に物を詰めてふさぐこと。「弾丸を充塡する」など。（じゅうてん）

□炯眼　眼力や洞察力が鋭いこと。もとは、鋭い眼つきの意。（けいがん）

□唾棄　唾を吐き棄てるほどに嫌うこと。「唾棄すべき敵」など。（だき）

□奢侈　ぜいたくすること。「奢侈に流れる」など。（しゃし）

□脆弱　脆(もろ)くて弱い。「きじゃく」と読まないように。（ぜいじゃく）

□卑猥　性的にみだらなこと。（ひわい）

□残滓　残りかす。「ざんさい」は慣用読み。（ざんし）

□知悉　よく知っていること。「業界の内幕を知悉する」など。（ちしつ）

□蕩尽　財産を使い果たすこと。「莫大な資産を蕩尽する」など。（とうじん）

□反駁　人の意見に反論すること。「反駁を加える」など。（はんばく）

□豹変　態度などが一変すること。「君子豹変」など。（ひょうへん）

□不逞　自分勝手な図々しい様子。「不逞の輩(やから)」など。（ふてい）

□流暢　言葉をすらすらと話す様子。「流暢な英語」など。（りゅうちょう）

□逡巡　ためらい、迷うこと。（しゅんじゅん）

□**匍匐**　手足を使って這うこと。「匍匐前進」など。〈ほふく〉
□**破廉恥**　恥知らずのこと。〈はれんち〉
□**教鞭**　教師が持つ鞭のこと。「教鞭を執る」など。〈きょうべん〉
□**疎漏**　大ざっぱで漏れがあること。「疎漏な計画」など。〈そろう〉

●なかなか難しい漢字です。

□**殲滅**　滅ぼすこと。「殲」は「皆殺しにする」の意。〈せんめつ〉
□**齷齪**　あわただしく何事かをする様子。〈あくせく〉
□**剽窃**　人の文章を盗んで、自分のものとして発表すること。〈ひょうせつ〉
□**韜晦**　本心や能力を隠すこと。〈とうかい〉
□**彌縫策**　間に合わせの策。「彌縫策にすぎない」など。〈びほうさく〉
□**贖罪**　罪を償う。「とくざい」と間違えやすい。〈しょくざい〉
□**驕慢**　驕りたかぶること。この「慢」はあなどるという意。〈きょうまん〉
□**諧謔**　ユーモア。「諧謔の精神に富む」など。〈かいぎゃく〉

□**睥睨**　周囲をにらみ勢いを示すこと。「辺りを睥睨する」など。〔へいげい〕

□**兵站**　戦いのため、必要な兵器、食料などを補給すること。〔へいたん〕

□**闖入**　突然入り込むこと。〔ちんにゅう〕

□**蹂躙**　ふみにじること。「人権蹂躙」など。〔じゅうりん〕

□**仄聞**　ふと耳にすること。「仄聞したのですが」など。〔そくぶん〕

□**跳梁**　跳びはね回ること。「跳梁跋扈」など。〔ちょうりょう〕

□**僥倖**　まぐれ。予期せぬ幸運。〔ぎょうこう〕

□**阿諛**　お世辞。「阿」は「おもねる」、「諛」は「へつらう」という意。〔あゆ〕

□**誤謬**　誤り。ミス。「謬」も間違うという意味。〔ごびゅう〕

□**義捐金**　災害などに遭った人に送る金品。〔ぎえんきん〕

□**謦咳**　咳払い。「謦咳に接する」など。〔けいがい〕

□**凱旋**　勝利して帰ること。「凱旋門」など。〔がいせん〕

●かなり難しい漢字です。

□梟雄　無慈悲で強い者。「梟」はフクロウのこと。〔きょうゆう〕
□蘊蓄　知識。「蘊蓄を傾ける」など。〔うんちく〕
□燦然　きらきら光るさま。「燦然と輝く」など。〔さんぜん〕
□瀟洒　垢抜けて上品なこと。「瀟洒な別荘」など。〔しょうしゃ〕
□傀儡　人に操られて動く人など。「くぐつ」とも読む。〔かいらい〕
□恬淡　物事に執着しないこと。「名誉に恬淡としている」など。〔てんたん〕
□無聊　ひまで手持ちぶさたなさま。「無聊をかこつ」など。〔ぶりょう〕
□鞭撻　激励する。叱咤する。〔べんたつ〕
□穿鑿　立ち入って調べること。「プライベートを穿鑿する」など。〔せんさく〕
□梗概　あらすじ。「小説の梗概」など。〔こうがい〕
□敬虔　神仏を敬うこと。「虔」はつつしむという意味。〔けいけん〕
□拿捕　軍艦などが、民間船舶や航空機を強制的に命令下に入れること。〔だほ〕

□揮毫　書画を書くこと。「毫」は筆のこと。（きごう）

□忸怩　恥じること。「忸怩たるものがある」など。（じくじ）

□呵責　責めに苦しむこと。「良心の呵責」など。（かしゃく）

□匪賊　徒党を組んで掠奪などを働く盗賊。（ひぞく）

□暗渠　覆いをした水路。「渠」一字では「みぞ」とも読む。（あんきょ）

□使嗾　けしかけること。「暴動を使嗾する」など。（しそう）

□雑駁　雑然としていること。「雑駁な話」など。（ざっぱく）

□些事　ささいなこと。とるにたらないこと。（さじ）

●相当難しい漢字です。

□嚥下　物を飲み込むこと。「えんげ」は慣用読み。（えんか）

□刮目　注意して見ること。「刮目すべき才能」など。（かつもく）

□晦渋　難しくて理解しにくいこと。「晦渋な表現」など。（かいじゅう）

□貪婪　むさぼろうとする様子。「貪る」で「むさぼる」と読む。（どんらん）

□**慇懃**　うやうやしく丁寧なこと。「慇懃な応対」など。　**〈いんぎん〉**

□**讒言**　事実を偽って言う告げ口。　**〈ざんげん〉**

□**剽軽**　滑稽で軽快なこと。「ひょうけい」と間違いやすい。　**〈ひょうきん〉**

□**落魄**　おちぶれること。　**〈らくはく〉**

□**掉尾**　最後のこと。「とうび」は慣用読み。　**〈ちょうび〉**

□**淫靡**　性的に不品行なこと。「淫靡な雰囲気」など。　**〈いんび〉**

□**慧眼**　鋭い洞察力。「慧眼の士」など。　**〈けいがん〉**

□**窯業**　陶磁器をつくる仕事。窯で作ることから。　**〈ようぎょう〉**

□**昏睡**　意識がない状態。「昏睡強盗」など。　**〈こんすい〉**

□**彷徨**　さまよい歩くこと。「彷」も「徨」も「さまよう」の意。　**〈ほうこう〉**

□**急遽**　突然のこと。「遽」は、あわただしいという意。　**〈きゅうきょ〉**

□**扼殺**　手で首を絞めて殺すこと。紐などを使えば「絞殺」。　**〈やくさつ〉**

□**泥濘**　ぬかるみ。「泥濘む」で「ぬかるむ」と読む。　**〈でいねい〉**

□**朦朧**　意識がはっきりしていないさま。　**〈もうろう〉**

□軋轢　摩擦が生じ、関係が悪くなること。「軋轢に苦しむ」など。（あつれき）
□曳航　船が他の船などを引いて航行すること。（えいこう）

●会社で見聞きするのに意外と読めない……。

□更迭　組織内での降格。左遷。「こうそう」ではない。（こうてつ）
□招聘　礼儀を尽くして人を招くこと。「教授に招聘する」など。（しょうへい）
□馘首　首切り。解雇。「馘る」で「くびきる」と読む。（かくしゅ）
□忌憚　遠慮すること。「忌憚のない意見」など。（きたん）
□範疇　分類された範囲、カテゴリー。（はんちゅう）
□贈賄　賄賂として金品を贈ること。（ぞうわい）
□斟酌　相手の心情を考えて配慮すること。×「かんしゃく」。（しんしゃく）
□補塡　不足分を補う。「塡」は充たすという意味。（ほてん）
□改竄　不当に書き換えること。「歴史を改竄する」など。（かいざん）
□顚末　事のはじめから終わりまで。（てんまつ）

□**濫用**　みだりに用いること。「職権濫用」など。〈らんよう〉
□**完遂**　最後までなし遂げること。「かんつい」ではない。〈かんすい〉
□**寡聞**　経験や知識が少ない。「寡聞にして存じません」など。〈かぶん〉
□**廉価**　値段が安いこと。「廉価品」など。「けんか」ではない。〈れんか〉
□**進捗**　物事が進むこと。「工事が進捗する」など。〈しんちょく〉
□**逓減**　少しずつ減っていくこと。「収穫逓減の法則」など。〈ていげん〉
□**箝口令**　他人に話すことを禁じること。「箝口令を敷く」など。〈かんこうれい〉
□**邁進**　まっしぐらに突き進むこと。「邁」は「ゆく」という意。〈まいしん〉
□**斯界**　この分野。この社会。「斯界の権威」など。〈しかい〉
□**趨勢**　流れ。成り行き。「世の趨勢」など。〈すうせい〉

●食べ物・料理に関する漢字です。

□**杓文字**　ごはんなどをすくうための道具。〈しゃもじ〉
□**牡蠣**　貝の種類。カキフライにするカキ。〈かき〉

□**鰭酒**　フグやエイなどのヒレを焼き、燗（かん）をした清酒に入れたもの。〈ひれざけ〉

□**強力粉**　粘りの強い小麦粉。パンなどに使う。〈きょうりきこ〉

□**什器**　ふだん使いの道具や家具。〈じゅうき〉

□**生蕎麦**　本来は、そば粉だけで作ったそば。「なまそば」ではない。〈きそば〉

□**雲丹**　軍艦巻きにするウニ。「丹色（赤）」で「雲」のような形だから。〈うに〉

□**海苔**　おにぎりなどに巻くノリ。〈のり〉

□**酒糟**　日本酒を醸造するときに生じるカス。〈さけかす〉

□**杜氏**　日本酒を作る職人。「とじ」とも読む。〈とうじ〉

□**肴**　酒を飲むときの料理や話題。「酒の肴」など。〈さかな〉

□**猪口**　お酒を飲む盃のこと。〈ちょこ〉

□**俎板**　食べ物を切るための板。「俎」一字でもそう読む。〈まないた〉

□**牛蒡**　きんぴらなどにする長細く茶色い根菜。〈ごぼう〉

□**蒟蒻**　おでんなどで食べるコンニャク。〈こんにゃく〉

□**笊**　竹で編んだかご。「笊蕎麦」「竹笊」など。〈ざる〉

□屠蘇　正月に飲むお酒。邪気を払う。〔とそ〕
□御斎　法要の参加者にふるまわれる食事。〔おとき〕
□飢饉　農作物の収穫が少なく、食料不足に陥ること。〔ききん〕

●いったいどんなモノでしょう?

□飛沫　水などの液体が飛び散ったもの。「ひまつ」とも読む。〔しぶき〕
□梃子　重いものを動かすための棒。「梃子ずる」など。〔てこ〕
□渾名　ニックネーム。「仇名」とも書く。〔あだな〕
□箒　掃除用具のほうき。「帚」でもそう読む。〔ほうき〕
□繻子　布の表面に光沢がある織物。〔しゅす〕
□嬰児　生まれたばかりの赤ん坊。「嬰」一字で「あかご」と読む。〔えいじ〕
□蒔絵　器に絵柄をつける漆工芸。〔まきえ〕
□鼈甲　亀の甲羅素材。眼鏡フレームや櫛に使われる。〔べっこう〕
□硯　墨をするための文具。「すみすり」から「すずり」に。〔すずり〕

□香奠　死者にたむけるお金。「香典」とも書く。〈こうでん〉

□徽章　帽子や衣服につける印。「徽」は旗印のこと。〈きしょう〉

□棗　茶入れの一種。その形がナツメの果実に似ていることから。〈なつめ〉

□絨毯　カーペットのこと。〈じゅうたん〉

□賽銭　神社に奉納する金銭。〈さいせん〉

□李　中国原産の甘酸っぱい果実。季語としては、実は夏、花は春。〈すもも〉

□錐刀　錐をはじめ、先端の尖った小刀のこと。〈すいとう〉

□刺繡　色つきの糸などで、模様や絵を縫い表したもの。〈ししゅう〉

□黴菌　有害な微生物。「黴」一字なら「カビ」。〈ばいきん〉

□髑髏　頭蓋骨のこと。〈どくろ〉

●いったいどんな意味でしょう？

□碩学　大学者のこと。「碩」は大きいという意味。〈せきがく〉

□捏造　ウソの話をでっちあげること。「証拠の捏造」など。〈ねつぞう〉

□**壊死**　体の細胞や組織が部分的に死ぬこと。　**〔えし〕**

□**滔々**　勢いよく流れるさま。言葉がよどみない様子の形容にも。　**〔とうとう〕**

□**威嚇**　相手を脅すこと。「武力で威嚇する」など。　**〔いかく〕**

□**錚々**　多くの中でとくに優れている。「錚々たるメンバー」など。　**〔そうそう〕**

□**容喙**　脇から口出しすること。「喙」はクチバシのこと。　**〔ようかい〕**

□**惹起**　物事を引き起こすこと。「重大事件を惹起する」など。　**〔じゃっき〕**

□**蹉跌**　失敗すること。「蹉」も「跌」も「つまずく」の意。　**〔さてつ〕**

□**冗漫**　だらだらと続くこと。この「漫」は長いという意。　**〔じょうまん〕**

□**悪辣**　あくどく、たちが悪いこと。「世にも悪辣な犯罪」など。　**〔あくらつ〕**

□**粗忽**　そそっかしい。そういう人は、「粗忽者」。　**〔そこつ〕**

□**遡及**　過去に遡ること。「さっきゅう」ではない。　**〔そきゅう〕**

□**垂涎**　涎が垂れるほど、欲しいこと。「すいえん」は慣用読み。　**〔すいぜん〕**

□**潑剌**　元気がよく、生き生きとしているさま。「元気潑剌」など。　**〔はつらつ〕**

□**雪辱**　汚名を雪(そそ)ぐこと。「雪」は雪ぐという意味。　**〔せつじょく〕**

□辛辣　手厳しいこと。「辛辣な批評」など。（しんらつ）

□安堵　安心すること。「堵」は垣根の意。（あんど）

□先鞭　人より先に着手すること。「先鞭をつける」など。（せんべん）

□億劫　気がすすまないこと。めんどうなこと。（おっくう）

●普通に読んではいけない漢字です。

□剃刀　ひげ剃り用の刃物。（かみそり）

□杜撰　ぞんざいでいい加減なこと。「とさん」と読みがち。（ずさん）

□誰何　名を問いただすこと。「だれか」ではない。（すいか）

□長閑　のんびりとしている様子。「長閑な暮らし」など。（のどか）

□曲尺　直角に折れ曲がった形のものさし。（かねじゃく）

□拳万　約束を守る証として、相手と小指をからませること。（げんまん）

□木乃伊　人間や動物の死体を干して、元の形を残したもの。（ミイラ）

□此奴　相手を貶めた呼び方。「こいつ」とも読む。（こやつ）

□**花魁**　位の高い遊女。〈おいらん〉

□**徒花**　咲いても実をつけずに散る花。転じて、実を結ばない物事。〈あだばな〉

□**香具師**　テキ屋のこと。〈やし〉

□**濁声**　濁った声。〈だみごえ〉

□**老舗**　長年続いているお店。〈しにせ〉

□**七五三縄**　神社や神棚にはるわらの縄。「注連縄」とも書く。〈しめなわ〉

□**等閑**　ほったらかしにするさま。「仕事を等閑にする」など。〈なおざり〉

□**四阿**　屋根だけで壁がない小屋。〈あずまや〉

□**破風**　日本建築で、屋根についている山の形の装飾板のこと。〈はふ〉

□**約しい**　暮らしぶりが質素なさま。「約しい生活ぶり」など。〈つましい〉

□**戦く**　怒りや恐しさで体がふるえること。「怒りに戦く」など。〈おののく〉

□**蔓延る**　悪いものが、広がる。「悪が蔓延る」「汚職が蔓延る」など。〈はびこる〉

□**抓る**　指先で皮膚をつまんでねじる。「抓む」で「つまむ」と読む。〈つねる〉

□**目敏い**　すばやく見つけるさま。「目敏く見つける」など。〈めざとい〉

●どういう生き物かわかりますか？

□啄木鳥
〔きつつき〕 鋭いくちばしで木に巣くう虫をとることから「木を啄ばむ鳥」と書かれる。

□孔雀
〔くじゃく〕 南アジアの森林に棲むキジ科の鳥。オスは美しい羽を扇形に広げて求愛行動をとる。

□香魚
〔あゆ〕 清流に棲む魚。香りがよいことから、こう書く。普通は「鮎」と書く。寿命が一年のため「年魚」とも書く。

□岩魚
〔いわな〕 河川の上流、渓流に多く棲む魚。夏の渓流釣りでは代表的な魚。俳句では夏の季語とされている。

□駱駝
〔らくだ〕 背中に食べ物を脂肪に変えて蓄えたコブのある動物。砂漠地帯の移動に使われ、別名「砂漠の船」。

□蝙蝠
〔こうもり〕 翼をもつ哺乳類。昼間は足の爪でぶら下がって休

□蝦蟇

□海豚

□百舌

□四十雀

□金糸雀

□鶉

□驢馬

み、日暮れから行動する。

〔がま〕 ガマガエル、ヒキガエルのこと。体が大きく、四肢は短い。夏の季語。「蝦蟆」とも書く。

〔いるか〕 クジラ目の海獣。群れをなして泳ぐ習性がある。

〔もず〕 モズ科の小鳥。捕った昆虫などを木の枝に刺す習性が「百舌の速贄（はやにえ）」として知られる

〔しじゅうから〕 鳥。一羽で雀四十羽分の価値があるほどの鳴き声であることから名付けられた。

〔カナリア〕 姿と鳴き声が美しいことから、愛玩用として飼われる小鳥。原種はカナリア諸島産とみられる。

〔うずら〕 頭が小さく、身体が丸く、尾が短いのが特徴のキジ科の鳥。肉も卵も美味であることから食用にされる。

〔ろば〕 ウマ科の馬よりも小型の動物。ウマよりもおとなしい

□土竜
□抹香鯨
□羆
□馴鹿
□貂
□狆
□鯱

ため、農耕によく使われてきた。
〔もぐら〕 モグラ科の哺乳類。日本では東日本のアズマモグラと西日本のコウベモグラが代表格。
〔まっこうくじら〕 歯鯨の一種で、頭部が大きくて四角いのが特徴。腸から香料がとれ、この名に。
〔ひぐま〕 熊の一種。体長2メートル以上にも成長する。日本では北海道に棲息、人間や家畜を襲うこともある。
〔トナカイ〕 枝分かれした角があるシカ科の動物。サンタクロースのそりを引く姿はおなじみ。
〔てん〕 イタチ科の獣。毛皮が珍重される。「黄鼬」とも書く。
〔ちん〕 顔が平たく、目が大きい中国原産の小型犬。ペットとして長く人気を集めてきた。
〔しゃち〕 マイルカ科の最大の海獣。最大で体長9メートルにも。鋭い歯をもち、クジラを襲うこともある。

●どういう植物かわかりますか？

□勿忘草
□桔梗
□躑躅
□金鳳花
□楓
□落葉松

〔わすれなぐさ〕　ヨーロッパ原産の多年生植物。英語の「forgetmenot」からつけられた名前。

〔ききょう〕　秋の七草のひとつで、紫や白の美しい花をつける。

〔つつじ〕　春から夏にかけて、白、赤、紫、だいだい色などの大型の花をつける低木。

〔きんぽうげ〕　晩春から初夏にかけて黄色い花を咲かせる多年草。「ウマノアシガタ」という別名がある。

〔かえで〕　一般に「もみじ」と呼ばれる。葉が掌（てのひら）の形をしたカエデ科の落葉高木。

〔からまつ〕　高さ30メートルにも達するものもあるマツ科の落

□秋桜

□百日紅

□木瓜

□枇杷

□垂れ桜

□櫟

葉高木。「唐松」とも書く。

〔コスモス〕 秋に白、薄紅色、赤などの花を咲かせる。キク科の一年生植物。原産地はメキシコ。

〔さるすべり〕 木肌がつるつるしていて、サルもすべって登れないように思えることから、この名に。

〔ぼけ〕 バラ科の落葉低木。主として観賞用。春に白、紅などの色の花を咲かせる。枝にはトゲがある。

〔びわ〕 バラ科の常緑高木。果実は食用。木材は、木刀や櫛などの材料になる。なお楽器のほうは「琵琶」と書く。

〔しだれざくら〕 細い枝が長く垂れ下がり、小さい花を咲かせるのが特徴の桜。「枝垂桜」とも書く。

〔くぬぎ〕 ブナ科の落葉高木。実はドングリ。「椚」「橡」「櫪」などの漢字も使われる。

□梔子

□夾竹桃

□万年青

□金雀児

□紫陽花

□馬酔木

□薊

□木通

〔くちなし〕　夏、強い香りを放つ白い花が咲くアカネ科の常緑低木。「山梔子」とも書く。

〔きょうちくとう〕　夏、赤や白の花が咲く常緑低木。観賞用だが、有毒植物。

〔おもと〕　ユリ科の多年草。西日本の山地に自生する。

〔えにしだ〕　五月ごろ、葉のつけ根に蝶の形をした黄色い花を咲かせる。「金雀枝」とも書く。

〔あじさい〕　梅雨時、おもに青い花を咲かせる植物。

〔あせび〕　春に、白い花を咲かせる植物。その葉を馬などが食べるとしびれるという。「あしび」とも読む。

〔あざみ〕　春から秋にかけて、紅紫色の花を咲かせる。俳句では春の季語。

〔あけび〕　秋に楕円形の実を結ぶ植物。その実が熟すと裂けることから「開け実」↓「あけび」といわれる。

●身近な植物に関する漢字です。

□**播種**　田畑に種をまくこと。「ばんしゅ」ではない。　〔はしゅ〕

□**松脂**　松の木が分泌する樹脂。　〔まつやに〕

□**浜木綿**　海辺に咲く白い花。　〔はまゆう〕

□**叢**　草が生えているところ。　〔くさむら〕

□**胡蝶蘭**　蘭の一種。蝶が舞っているように見えることから。　〔こちょうらん〕

□**草莽**　草の茂ったところから在野の意味に。「草莽の志士」など。　〔そうもう〕

□**蕾**　花が開く前の状態。　〔つぼみ〕

□**胡桃**　殻の中の実を食べる果実。　〔くるみ〕

□**柚子**　酸味の強いかんきつ類の一種。　〔ゆず〕

□**病葉**　病気や害虫のために傷んだ葉。　〔わくらば〕

□**梢**　木の幹や枝の先。　〔こずえ〕

□**鬼灯市**　植物のホオズキを売る市。　〔ほおずきいち〕

□**羊歯**　シダ類の植物のこと。〈しだ〉

□**寄生木**　ほかの樹木に寄生して生長する木。〈やどりぎ〉

□**浅葱色**　緑がかった藍色。アサツキの葉色から名づけられた。〈あさぎいろ〉

□**草鞋**　わら製の履き物。「草鞋を履く」「草鞋を脱ぐ」など。〈わらじ〉

□**備長炭**　質のいい木炭の代表。〈びんちょうたん〉

□**剪定**　草木の枝葉を切って整えること。「剪る」で「きる」と読む。〈せんてい〉

□**山葵**　アブラナ科の多年草。香辛料として用いる。〈わさび〉

□**花卉**　観賞用の植物。「卉」は多くの草という意味。〈かき〉

●動物が出てくる漢字です。

□**蛇足**　不必要なもの。〈だそく〉

□**鵜呑み**　人の言葉や条件をそのまま受け入れること。〈うのみ〉

□**厩**　馬を飼う小屋。〈うまや〉

□**狼煙**　煙による合図。〈のろし〉

□藪蛇　不必要なことをして、ひどい目に遭うこと。（やぶへび）
□狼狽　うろたえること。（ろうばい）
□蛇蝎　人に嫌がられるものの象徴。「蛇蝎のごとく嫌う」など。（だかつ）
□蹄　牛や馬などの爪。（ひづめ）
□蠕動　本来は、虫がもぞもぞ動くこと。「腸の蠕動運動」など。（ぜんどう）
□窮鼠　追いつめられたネズミ。「窮鼠猫を噛む」など。（きゅうそ）
□脱兎　逃げるウサギのように、動作がすばやいこと。（だっと）
□牛車　牛に引かせた屋根つきの車。「ぎゅうしゃ」とも読む。（ぎっしゃ）
□獅子吼　大声で熱弁をふるうこと。（ししく）
□啓蟄　二十四節気の一つ。いまの三月六日ごろ。（けいちつ）
□剥製　鳥や獣の皮を剥いで作る標本。（はくせい）
□孵化　卵がかえること。「孵す」で「かえす」と読む。（ふか）
□象形文字　漢字など、物の形を線や点で表した文字。（しょうけいもじ）
□漁火　漁船でたく篝火（かがりび）。（いさりび）

□**鸚鵡返し**　人の言葉を繰り返すこと。〈おうむがえし〉

●ポイントになる「動詞」の漢字です。

□**潰える**　計画がだめになる。建物や組織が潰（つぶ）れる。〈ついえる〉

□**傾げる**　横に曲げる。「傾ける」は「かたむける」と読む。〈かしげる〉

□**噤む**　口を閉じて話さないこと。〈つぐむ〉

□**捗る**　物事が順調に進む。「仕事が捗る」など。〈はかどる〉

□**叛く**　反逆すること。「背く」とも書く。〈そむく〉

□**慮る**　思いをめぐらすこと。〈おもんぱかる〉

□**唆す**　人を悪い方向へ導く。教唆の「唆」。〈そそのかす〉

□**強請る**　おどして金品を奪うこと。〈ゆする〉

□**跪く**　両膝を床につけてかがむこと。「膝まずく」とは書かない。〈ひざまずく〉

□**炙る**　軽く焼くこと。「肉を炙る」など。〈あぶる〉

□繙く　本を読むこと。古い書物は紐を解いて読んだことから。（ひもとく）

□設える　整えること。「設ける」なら「もうける」と読む。（しつらえる）

□衒う　才能や学識をひけらかす。「奇を衒う」など。（てらう）

□窄める　小さくしぼむこと。「体を窄める」など。（すぼめる）

□悴む　手足が冷え、思うように動かなくなる。（かじかむ）

□呟く　独り言をいうこと。（つぶやく）

□繋ぐ　結びとめること。「気持ちを繋ぎとめる」など。（つなぐ）

□拭う　布などでふきとる。「汗を拭う」など。「拭く」は「ふく」と読む。（ぬぐう）

□尖る　先が細く鋭いさま。「尖った声」など。（とがる）

□騙す　ウソをつき、事実のように思わせること。（だます）

□躓く　足先に物が当たり、よろけること。「小石に躓く」など。（つまずく）

□憑く　悪霊などが乗り移ること。「狐憑き」など。（つく）

□括る　バラバラのものを一つにまとめる。「腹を括る」など。（くくる）

□摑む　手でしっかり握ること。「腕を摑む」「要点を摑む」など。（つかむ）

□轟く　大きな音が響き渡る。「雷鳴が轟く」「天下に轟く」など。〔とどろく〕
□拵える　物をつくること。「ご馳走を拵える」など。〔こしらえる〕
□与する　仲間になる、味方する。「推進派に与する」など。〔くみする〕

●どんな動作？　どんな状態？

□憚る　遠慮すること。〔はばかる〕
□閃く　短い間、光ること。比喩的に「アイデアが閃く」など。〔ひらめく〕
□囓る　かたいものを噛むこと。〔かじる〕
□託ける　他のことを口実にすること。〔かこつける〕
□不貞腐れる　不平や不満を態度に出すこと。〔ふてくされる〕
□足掻く　手足を動かし、もがくこと。〔あがく〕
□濯ぐ　水で洗うこと。「洗濯」の「濯」。〔すすぐ〕
□嫉む　嫉妬すること。「妬む（ねたむ）」と混同しないように。〔そねむ〕
□囀る　鳥が鳴くこと。〔さえずる〕

□時化る　海が荒れること。（しける）

□濾す　布や紙の目を通してカスなどを取り去ること。（こす）

□剥く　表面を取り去る。「剥ぐ」は「はぐ」と読む。（むく）

□囁く　ひそひそと話す。「囁き声」「悪魔の囁き」など。（ささやく）

□纏う　身につける。「マントを纏う」など。（まとう）

□額衝く　地面に額をつける。「墓前に額衝く」など。（ぬかずく）

□醸す　発酵させる。雰囲気などを生み出す。「物議を醸す」など。（かもす）

□仄か　うっすら。淡く。（ほのか）

□麗らか　空が穏やかに晴れ渡っているさま。（うららか）

□嫋やか　しとやかな様子。（たおやか）

□阿漕な　貪欲なさま。「阿漕な商売」など。（あこぎな）

●「形容詞」「副詞」…の重要漢字です。

□眩い　まぶしいこと。（まばゆい）

□**夥しい**　ひじょうに多いこと。　〔おびただしい〕
□**凛々しい**　表情や態度がひきしまっている。「凛々しい若武者」など。〔りりしい〕
□**血腥い**　流血の惨事などを形容する言葉。　〔ちなまぐさい〕
□**忝ない**　おそれおおくもありがたい。　〔かたじけない〕
□**婀娜っぽい**　女性のなまめかしい様子。　〔あだっぽい〕
□**歯痒い**　じれったい。もどかしい。　〔はがゆい〕
□**些か**　多少は。少しは。「些少」の「些」。　〔いささか〕
□**挙って**　残らずすべて。　〔こぞって〕
□**円らな**　まるいこと。「円らな瞳」など。　〔つぶらな〕
□**胡散臭い**　あやしげな。「胡散臭い人物」など。　〔うさんくさい〕
□**儚い**　あっけなく虚しく終わる様子。「儚い夢」など。　〔はかない〕
□**瑞々しい**　生き生きとしていること。　〔みずみずしい〕
□**詳らか**　こと細かな様子。「詳しく」は「くわしく」と読む。　〔つまびらか〕
□**因みに**　ついでにいうと。そのことに関連して述べると。　〔ちなみに〕

□凡ゆる　すべて。ありとあらゆる。〈あらゆる〉

□禍々しい　不吉である。縁起が悪い。〈まがまがしい〉

□五月蠅い　やかましい。「煩い」でも「うるさい」と読む。〈うるさい〉

□面映ゆい　決まりが悪い。照れくさい。〈おもはゆい〉

□烏滸がましい　さしでがましい。身のほど知らず。〈おこがましい〉

●「三文字」の漢字、スラスラ読めますか?

□陰陽師　陰陽五行説にもとづく占いなどをつかさどる人物。〈おんみょうじ〉

□村夫子　村の学者、先生。見識の狭い学者をあざけった言い方。〈そんぷうし〉

□間歇泉　間隔をおいて、湯などを噴き上げる泉。〈かんけつせん〉

□小糠雨　ひじょうにこまかい雨。「小糠雨降る御堂筋」など。〈こぬかあめ〉

□刹那的　一時的な快楽などを求めるさま。〈せつなてき〉

□茶話会　何人かが集まり、お茶とお菓子で談笑する集まり。〈さわかい〉

□益荒男　強く勇気がある男性。〈ますらお〉

□**似而非**　にせもの。「似而非文化人」など。「似非」とも書く。〈えせ〉
□**灰白色**　灰色がかった白色。白に近い灰色。〈かいはくしょく〉
□**櫓太鼓**　相撲などで、櫓の上で打つ太鼓。〈やぐらだいこ〉
□**腓返り**　「腓」はふくらはぎ。その筋肉が痙攣しひきつること。〈こむらがえり〉
□**共白髪**　夫婦そろって白髪になるまで長生きすること。〈ともしらが〉
□**蠱惑的**　人の心を惑わすほど魅力的なさま。「蠱」は悩ますの意。〈こわくてき〉
□**最後屁**　イタチが追いつめられて放つ屁。最後の悪あがきの意。〈さいごっぺ〉
□**大原女**　京都北郊の大原から京の町に物を売りに来る女性。〈おはらめ〉

●「一文字」の漢字、スラスラ読めますか？

□**躾**　礼儀作法を教え込むこと。「躾」は日本生まれの国字。〈しつけ〉
□**瞼**　目をおおう皮膚。「目蓋」とも書く。「瞼に残る記憶」など。〈まぶた〉
□**踵**　「足」のなかでも「体重」がかかることから生まれた文字。〈かかと〉
□**膿**　傷口などから出る粘液。「膿を出しきる」など。〈うみ〉

□棘　とがった突起物。「胸に棘さす言葉」など。「朿」「刺」とも書く。（とげ）
□杜　森、とりわけ神社にある森のこと。だから「神宮の杜」と書く。（もり）
□庇　雨を防ぐ小屋根。「庇う」で「おおう」、あるいは「かばう」と読む。（ひさし）
□汝　「あなた」「きみ」のような二人称の代名詞。聖書によく登場する。（なんじ）
□襷　和服の袖や袂を巻き上げるための紐。「帯に短し襷に長し」など。（たすき）
□簾　日除けなどの道具。細く割った竹などを糸で編んでつくる。（すだれ）
□鉋　材木の表面を削るための道具。「酒は命を削る鉋」など。（かんな）
□鉞　斧に似た木を伐り倒す道具。「鉞かついだ金太郎」など。（まさかり）
□襖　建具の一種。（ふすま）
□霙　雨まじりの雪。「霰（あられ）」や「雹（ひょう）」と読み間違えないように。（みぞれ）
□粽　五月五日の節句に食べる餅菓子。（ちまき）
□酣　季節や行事の真っ盛り。「花も酣」「宴も酣」など。（たけなわ）
□漣　細かく静かに立つ波。「小波」や「細波」とも書く。（さざなみ）

●手強すぎる漢字です。

□延縄
□補綴
□無辜
□誣告罪
□憑依
□畢竟

〈はえなわ〉　一本の道糸に多くの糸をつけ、その先に餌と針をつけて魚を釣る漁の道具のひとつ。
〈ほてい〉　破れものを繕うこと。本来は、古い文章をつなぎあわせて、別の詩文をつくること。歯科では「ほてつ」と読む。
〈むこ〉　「辜」は罪のこと。それが無いのだから、「何の罪もないこと」。
〈ぶこくざい〉　他人に刑罰を受けさせるために、偽りの申告をする罪。現在は「虚偽告訴罪」と改められている。
〈ひょうい〉　霊や狐などがのりうつること。「霊媒に祖先の霊が憑依する」など。
〈ひっきょう〉　「畢」も「竟」も「終わる」という意味で、口

語でいうと、結局、つまるところ

□跋扈

（ばっこ） 思うままにのさばること。「跋」は踏むこと、「扈」は魚をとる仕掛け。

□輔弼

（ほひつ） 天子、国王などの政治を助けること。明治憲法には「国務各大臣ハ天皇ヲ輔弼シ」とあった。

□齟齬

（そご） 意見や事柄が食い違って、かみ合わないこと。「齟齬をきたす」は「食い違う」こと。

□紊乱

（びんらん） 秩序や風紀が乱れること、また乱すこと。「紊」には「乱」と同様、「みだれる」という意味がある。

●何を意味するかわかりますか？

□琺瑯

（ほうろう） 魔法瓶などホーロー製品の「ほうろう」。金属の器の表面に焼き付けるうわぐすりのこと。

□沙翁

〔さおう〕 イギリスの劇作家シェイクスピアのこと。もとは「沙吉比亜」という漢字を当てたことから。

□粗目

〔ざらめ〕 結晶の粗い砂糖のこと。ザラメ糖を略した言い方。ざらめ雪を略した表現でもある。

□梵語

〔ぼんご〕 古代インドの文語であるサンスクリット語のこと。仏教で、清浄の神梵天がつくったとされることから。

●日本人なら覚えておきたい漢字です。

□除目

〔じもく〕 官職を任命する儀式。平安時代から行われ、大臣以外の諸国の国司などの任命儀式を指した。

□筮竹

〔ぜいちく〕 易や占いに使う道具。長さ40センチほどの棒で、ふつうは五〇本で一組。

□澪標

〔みおつくし〕 水路標の一種。河川などで、底が深くなった部

□**玄孫**

□**鼻下長**

□**落胤**

□**追儺**

□**御霊**

□**袱紗**

分の印に立てる杭。

〔やしゃご〕 曾孫(ひまご)の子ども。子、孫、曾孫、玄孫の順。音読みして「げんそん」ともいう。

〔びかちょう〕 色を好み、女性に甘い男性のこと。女好き。俗にいう「鼻の下が長い男」のこと。

〔らくいん〕 高い身分にある男性が、ひそかに産ませた子どものこと。「胤」一字では「たね」と読む。

〔ついな〕 節分の夜、豆をまき、鬼を追い払う行事。もとは宮中行事で、大晦日の夜に行われていた。

〔みたま〕 神の霊、または地位や家柄の高い人の霊に対する尊称。「恩恵」「おかげ」のことをいう場合もある。

〔ふくさ〕 絹の布を四角い形に縫った小さい風呂敷のようなもの。「服紗」「帛紗」とも書く。

□弥勒

□冠木門

□庫裏

□禰宜

□丹塗り

□鶴嘴

□飛白

〈みろく〉 仏教で、未来に現れて、人間をはじめ、すべての生き物の生命を救うという仏。弥勒菩薩。

〈かぶきもん〉 門柱の上部を貫く横木はあるが、屋根はつけられていない門のこと。略して「冠木」とも呼ばれる。

〈くり〉 もとは、寺院で食事をつくる台所。後に住職や家族が住む場所のことも指すようになった。

〈ねぎ〉 神職の位のひとつ。神主の下、祝（はふり）の上に位置する。広い意味では、神職一般のこともいう。

〈にぬり〉 赤く塗られたもの。「丹」や「朱」で塗ること。「丹塗りの門」などと使う。

〈つるはし〉 かたい土を掘るための道具。鶴の嘴（くちばし）のような形から。

〈かすり〉 着物の「絣」の別の書き方。かすったような模様が、ところどころにある。また、その模様。

□庭訓

□沛然

□没義道

□佞言

□首途

（ていきん） 家庭の教え、しつけ。孔子の子どもの伯魚が庭を通りかかったさいの故事にちなむ言葉。

（はいぜん） 雨が一時的に激しく降る様子。そこから、盛大な様子。「沛然たる大雨」などと使う。

（もぎどう） 情け容赦のない非道ぶり。人としての道にはずれた行い。

（ねいげん） 人に気に入ってもらえるように話す言葉。お世辞、追従のこと。「佞」は「おもねる」の意。

（かどで） 旅に出るためなど、自分の家を出発すること。比喩的に人生の節目などにも使う。「門出」とも書く。

●歯ごたえ十分の難読漢字です。

□天稟　天から授かった能力・才能。「稟」は授かるという意味。〈てんぴん〉

□魁偉　顔や体が大きく、立派である様子。「容貌魁偉」など。〈かいい〉

□面魂　魂が表れているような顔つき。「プロらしい面魂」など。〈つらだましい〉

□柾目　木材のまっすぐに通った木目。〈まさめ〉

□穿孔　孔をあけること。「穿つ」は「うがつ」と読む。〈せんこう〉

□美髯　美しく立派なほおひげ。〈びぜん〉

□陶冶　人を円満に育て、教育する。「冶」と「治」の書き間違いに注意。〈とうや〉

□不愍　哀れむこと。「不憫」とも書く。「不愍に思う」など。〈ふびん〉

□仔細　詳しいこと、詳細。「仔細面談」など。「子細」とも書く。〈しさい〉

□褶曲　地層が波状に押し曲げられた状態。〈しゅうきょく〉

□攪拌　かき混ぜること。本来は「こうはん」。その慣用読みが定着。〈かくはん〉

□鍍金　金属の薄膜で覆うこと。「鍍」一字でも「めっき」と読む。〈めっき〉

□鬱蒼　樹木や草がしげるさま。「鬱る」で「しげる」と読む。〈うっそう〉
□滾々　水などが湧き出て、尽きない様子。〈こんこん〉
□燦々　光り輝くさま。「太陽が燦々と照りつける」「愛燦々」など。〈さんさん〉
□放恣　だらしなく、気ままなこと。「恣」一字で「ほしいまま」と読む。〈ほうし〉
□縷々　「縷」は糸のこと。途切れることのないさま。「縷々述べる」など。〈るる〉
□正絹　他の繊維が混じっていない絹や絹織物のこと。〈しょうけん〉
□蒸籠　食品を蒸す調理器具。「せいろう」とも読む。〈せいろ〉
□雲呑　ギョウザ様の包みをスープに浮かべる点心のひとつ。〈わんたん〉
□厨房　調理場。「厨」で「くりや」と読み、やはり調理場のこと。〈ちゅうぼう〉
□土筆　スギナの胞子茎で、筆に似ていることから。食用になる。〈つくし〉
□後れ毛　結い上げた髪から、ほつれて垂れた髪。〈おくれげ〉
□剣戟　剣（つるぎ）と鉾（ほこ）などの武器。「剣戟をふるう」など。〈けんげき〉
□紺碧　藍色。「碧」一字では「あお」とも「みどり」とも読む。〈こんぺき〉
□端役　演劇などで主要ではない脇役。つまらない役目という意味も。〈はやく〉

□精緻　細かいところまでよく注意が行き届き、よくできていること。〔せいち〕

□優男　姿かたちがよい男性。〔やさおとこ〕

●なかなか手強い「和風」の漢字です。

□桟敷　芝居や祭り見物のために設けられた席。「天井桟敷」など。〔さじき〕

□先負　六曜のひとつ。午前は凶、午後は吉とされる。〔せんぶ〕

□赤口　友引、先勝などとともに六曜のひとつ。正午だけ吉とされる。〔しゃっこう〕

□印籠　もとは印肉の器だったが、のちに薬入れに。〔いんろう〕

□帷子　ひとえの衣服。「経帷子」など。〔かたびら〕

□供物　おそなえ。神仏に供えささげる物のこと。〔くもつ〕

□忌中　忌(いみ)に服する期間。近親者に死者が出てからの四十九日間。〔きちゅう〕

□数寄屋　庭園のなかに独立してつくられた茶室のこと。〔すきや〕

□焜炉　七輪など持ち運びのできる小型の炉。炊事に使われる。〔こんろ〕

□西陣織　京都の西陣を本拠とする高級織物。〔にしじんおり〕

□**細雪**　細かく降る雪。谷崎潤一郎の小説の題名でもある。〈ささめゆき〉

□**朝餉**　朝食。昼食は「昼餉」、夕食は「夕餉」。「餉」は食糧のこと。〈あさげ〉

□**杓子**　ご飯や汁をすくう道具。「杓文字」は「しゃもじ」と読む。〈しゃくし〉

□**団欒**　家族などが集まり、楽しく過ごすこと。「一家団欒」など。〈だんらん〉

□**初午**　二月の最初の午の日。稲荷神社などで祭りが催される。〈はつうま〉

□**屏風**　室内を仕切るために用いる道具。「六曲一双の屏風」など。〈びょうぶ〉

□**玉響**　ほんのわずかな間。かすかなこと。〈たまゆら〉

●発想に思わず感心する当て字です。

□**蝸牛**　角（触覚）が牛に似ているところから、こう書く。〈かたつむり〉

□**秋刀魚**　秋に旬を迎え、その形が刀に似ているため。〈さんま〉

□**石榴**　初夏に黄色の花をつけ、果実が食用になる。〈ざくろ〉

□**糎**　1メートルの100分の1。なお、メートルは「米」と書く。〈センチ〉

□**哩**　ヤード・ポンド法の距離の単位。約1・6キロ。〈マイル〉

□**山茶花**　ツバキ科の常緑小高木。冬の季語。　**〈さざんか〉**

□**手風琴**　じゃばらを伸び縮みさせて演奏する鍵盤楽器。　**〈アコーディオン〉**

□**自鳴琴**　ぜんまい仕掛けで音楽を奏でる楽器。　**〈オルゴール〉**

□**混凝土**　セメント、砂、砂利、水を混ぜて固めたもの。　**〈コンクリート〉**

□**紐育**　アメリカの大都市。州名でもある。　**〈ニューヨーク〉**

□**聖林**　米ロサンゼルスにある映画の都。Hollywood の当て字。　**〈ハリウッド〉**

□**巴里**　フランスの首都。「巴里祭」など。　**〈パリ〉**

□**倫敦**　イギリスの首都。「倫敦塔」など。　**〈ロンドン〉**

●読めたら自慢できる手強い漢字です。

□**乃至**　あるいは。「乃」は「ない」のほか、「だい」「の」と読む。　**〈ないし〉**

□**藉口**　事にかこつけて言いわけすること。「藉」はかこつけるの意。　**〈しゃこう〉**

□**大蒜**　強いにおいがある野菜。　**〈にんにく〉**

□**縕袍**　綿を入れた冬の部屋着。「袍」一字では「わたいれ」と読む。　**〈どてら〉**

□**澄明**　澄みきって明るいこと。「とうめい」と読まないように。（ちょうめい）

□**稜線**　山の尾根で、峰から峰へと続く線。（りょうせん）

□**朽葉**　腐った落ち葉。「朽ちる」で「くちる」と読む。（くちば）

□**掏摸**　人込みなどで財布などを盗む者。「掏る」で「する」と読む。（すり）

□**麾下**　家来や部下のこと。（きか）

□**畢生**　生涯のあいだ。「畢生の大作」など。（ひっせい）

□**允可**　許可すること。「允す」で「ゆるす」と読む。（いんか）

□**偏頗**　偏っているさま。「偏る」も「頗る」も「かたよる」と読む。（へんぱ）

特集

一目おかれる 漢字の雑学

1　その日本語のルーツを知っていますか？

二十　年齢だけ「はたち」と読む理由は？

「二十」は、年齢の場合に限って「はたち」と読むが、これは和語が残ったもの。和語では、数を「ひ、ふ、み、よ、い、む、な、や、こ、と」（一～十）とかぞえ、「二十」を「はたち」と言った。はたちの「はた」は、「これでいっぱい」「全部」という意味。また、はたちの「ち」は、「ひとつ」「ふたつ」と言うときの「つ（tu）」が「ち（ti）」に変化したもの。

今では、こうした和語の数え方が、一から十までと二十に残っているというわけだ。

竹刀　どうして「しない」と読むのか？

剣道で使われる竹製の刀を「竹刀」と言う。竹刀が、現在のように、真竹の割竹四本を束ねてつくられるようになったのは江戸中期のことだが、それ以前からも、練習用に竹の刀が使われていた。真剣や木刀で打ち合い稽古すれば、命がいくつあっても足りないが、竹は柔らかくてしなうから、打たれても傷つくことがない。その最大の特徴である「しなう」ところから、「しない」と呼ばれるようになった。

十六夜　「いざよい」の意味するところは？

「十五夜」は「じゅうごや」と読むが、「十六夜」は「じゅうろくや」ではなく、「いざよい」と読む。鎌倉時代に書かれた阿仏尼（あぶつに）の『十六夜日記』も、「いざよいにっき」と読む。

「いざよい」は、古語の「いさよい」に由来し、進もうとして進まない、ためらうという意味。「十六夜の月」は、満月よりも出るのが遅く、ためらうようにして出てくるところから、「十六夜」を「いざよい」と呼ぶようになった。

心太　なぜ「ところてん」と読むか？

「ところてん」は、てんぐさを煮て溶かし、ゼリー状にしたものだが、その歴史はひじょうに古い。すでに、奈良時代以前から食用とされていたことが記録に残っている。そのころは「凝海藻（こるも）」と呼ばれ、平安時代になると、「古々呂布止（こころふと）」と呼ばれるようになった。

その「こころふと」という読みに当てられたのが、「心太」という字だった。その後、「こころふと」がなまって「ところてん」と呼ばれるようになったが、漢字は「心太」のまま現在まで受け継がれたので、「心太」と書いて「ところてん」と読まれるようになった。

閏　なぜ「うるう」と読むようになったか？

一年が三六六日となる年を「閏年」と呼ぶようになったのは、中国の故事に由来する。

「告朔（こくさく）の礼、天子毎月宗廟に居る。ただ閏月は門中に居る」というのが、その元になっている。ふだんは、朔（新月）を告げる儀式を宗廟で受けるのに、閏月だけは門で受けたという意味である。だから、「閏」という字は門構えの中に王と書く。

この「閏」を、日本で「うるう」と読むようになったのは、「潤」と混同したことが原因と考えられている。「潤」は訓で「うるおう」「うるおす」と読むことにつられて、「閏」も同じように読むようになったとみられる。

一発、二発　「ぱつ」「はつ」と変化するのは？

日本語を勉強している外国人が、「難しい」と嘆くことの一つに、数字がつくと読み方が変わる漢字があることという。

たとえば、「一発」「二発」「三発」と数えるときの「発」は、順に「ぱつ」「はつ」「ぱつ」と変化する。こうなった背景には、日本人の発音が長い歴史の中で、変化してきたことと関係している。

日本人は、古代には、「はひふへほ」を「ぱぴぷぺぽ」と発音していたが、やがて唇の合わせ方が弱くなり、「ふぁふぃふぅふぇふぉ」と発音するようになった。一方、「一」は、「it」と発音していたため、「一発」は「itfatu」と発音されていた。しかし、それでは発音しにくいため、しだいに「ippatu」に変化したのである。

また、数字の「三」も、かつては「sam」と発音されていて、「三発」は「samfatu」だったが、これも発音しやすいように「sampatu」に変化した。

つまり、「一」「二」「三」などの数字の最後の音と、次にくる言葉の最初の音との結合によって、「ぱつ」になったり、「はつ」になったりと変化するわけである。

気質 どうして「かたぎ」と読むのか？

「職人気質」「学者気質」「学生気質」などの「気質」は、その身分や職業に特有な性質や雰囲気を表す。この意味に使う場合は、「きしつ」ではなく「かたぎ」と読む。

この「かたぎ」、もとは染め物職人が模様を彫りぬく「形木」のことだった。江戸時代の染め物職人たちには、独特の気風があり、他の者たちは、その粋(いき)でさっぱりとした気風を「形木」になぞらえて、「職人かたぎ」と呼んだ。のちに、「かたぎ」に、気立て、気性という意味の「気質(きしつ)」という漢字を当て、「職人気質」と書くようになったのだ。

だから、「気質」という言葉は当初、職人に対してだけ使われていたのだが、明治以降、学者や学生など、その他の職業にも使われるようになった。

面目　「めんぼく」「めんもく」、どちらが正しい？

「面目」は「めんぼく」とも「めんもく」とも読むが、どちらの読み方でも間違いではない。

「ぼく」と読むか、「もく」と読むかは、漢音と呉音の違いである。日本では、昔は漢音にしたがって「めんぼく」と発音するのが一般的で、明治時代初期の辞書『和英語林集成』にも「めんぼく」は収録されている。

ところが、明治中期になると、「めんもく」も辞書に登場する。つまり、明治になってから、「めんもく」という読みが広まってきたことを示している。現在では、どちらも使われ、「面目」は発音の揺れている語のひとつになっている。

浴衣　なぜ「ゆかた」と読むのか？

いまの浴衣のような衣裳は、もともと、入浴時に着用する着物として使われていた。平安時代、公家たちは、それを着て蒸し風呂に入り、「湯帷子（ゆかたびら）」と呼んでいたのだ。その後、室町末期になると、庶民たちは、この湯帷子に似たものを着て外出し、街で踊るようになった。さらに、江戸時代になると、これを着て戸外で踊る人たちが続出。その衣裳は、「踊浴衣（おどりゆかた）」と呼ばれるようになった。

やがて、江戸中期になると、踊り用だけでなく、風呂上がりのくつろぎ着や、家の着衣など、広く夏の衣裳として愛用されるようになる。そのころから「踊る」という字が取れ、単に「ゆかた」と呼ばれるようになったのである。

足袋　「たび」と読むようになった由来は？

日本人が、靴下を履くようになったのは、飛鳥・奈良時代のこととみられる。豪族らが、中国から伝わった白絹製の「襪（しとうず）」を採用したのが、そのはじまりとされる。

ただ、それは現在の靴下とは違い、二枚の絹を縫い合わせ、そこへ足を入れる袋状のものだった。そして、足首の付紐(つけひも)を結んで、脱げないようにした。

この白絹の襪は、その後、平安貴族の公家装束に受け継がれていくが、武家では丈夫さを求めて皮革製が用いられた。やがて、鹿や猿、熊などの皮でつくられた襪が、「単皮(たんぴ)の襪」と呼ばれるようになる。その「単皮」が、時代とともに「丹皮」「短鼻」「たび」などに変化し、室町時代になって「たび」に「足袋」の文字が当てられるようになった。

流石　これで「さすが」と読むのはなぜ？

「流石」と書いて「さすが」と読むのは、中国の成句の「枕石漱流(ちんせきそうりゅう)」が語源と考えられている。

孫楚という人が、隠遁(いんとん)しようと友人の王済に話したとき、「枕石漱流（石に枕し、流れに口をすすぐという意味で、浮世離れした暮らしのたとえ）」と言うべきところを、間違えて「漱石枕流」と言ってしまった。その間違いを指摘されると、孫楚は、すかさず「俗世の話を耳にしたときは流れで耳を洗い、石で口をすすいで歯を磨くのだ」とこじつけた。

この故事の孫楚の負けず嫌いぶりと、こじつけのうまさから、「さすが」に「流石」という漢字を当てたとみられている。

武蔵 「むさし」と読む根拠とは？

旧国名の「武蔵」は、現在の東京都、埼玉県と神奈川県の一部を指す国名だった。古代には「牟邪志（むざし）」と表記されていたが、やがて、中国文化の影響で、各地の地名を漢字二字で表すこととなった。そのさい、「牟邪志」には、「武」と「蔵」の二字が当てられ、「し」にあたる字は省略された。以来、「武蔵」と表記されるようになったのである。

七夕 これで「たなばた」と読むのはなぜ？

牽牛（けんぎゅう）と織姫が天の川を渡り、年に一度だけ逢うことを許されるというのが、七夕伝説。この伝説は、中国から伝わった星物語がもとになっているが、それに日本古来の行事が結びついて、今の「たなばた祭」になった。

日本には、古代から「棚機女（たなばため）」による神送りの信仰があった。海辺の小屋で、機を織りながら神様の訪れを待つ乙女が、神を送る日に、村人たちは日常のけがれを神に持ち去ってもらった。その年に一度の神と乙女の出逢いが、牽牛と織姫の伝説に結びつき、日本流のたなばた祭が生まれた。

そして、この祭りが陰暦七月七日の夕べに行われていたことから、「棚機女」にちなみ、「七夕」と書いて「たなばた」と読むようになった。

巳、已、己　それぞれの読み方、どう区別する？

線一本の引き方で、まったく違う漢字になるケースがある。たとえば、「巳」と「已」と「己」である。タテの線が最も上の横線まで届いているか、途中までしか届いていないか、下の線で止まっているかで、読み方も意味も違ってくる。

昔から、この三つの漢字は、「ミは上に、イは中に、オノレ、ツチノト下につく」と覚えるとよいとされてきた。

まず、タテの線が上まで届いている「巳」は、「ミ」と読んでヘビの意味。つまり

「ミは上に」である。

次に、タテの線が途中までしか届いていない「已」は、「イ」と読んで、すでに終わったことを表す。すなわち「イは中に」となる。古文法の「已然形」は、この字を使う。

最後に、タテの線が二番めの横線で止まっている「己」は、「オノレ」と読んで自分のことを表す。さらに、干支の十干に用いられるときは、「ツチノト」と読まれる。したがって、「オノレ、ツチノト下（の線）につく」となる。

外郎　「ういろう」と読む理由はどこから？

「ういろう」は、もち米の粉や白玉粉、氷砂糖などを混ぜて蒸し上げたもので、漢字では「外郎」と書く。

この「外郎」、もともとは中国の官職名で、医術をつかさどる役職のことだった。鎌倉時代、中国から陳宗敬という「外郎」が来日し、胃痛、頭痛に効く万能薬をつくった。その薬の正式名は「透頂香（とうちんこう）」だったが、外郎がつくったので、日本の人々からは「外郎」と呼ばれるようになった。

一方、江戸時代初期につくられるようになった菓子の「ういろう」は、当初、黒砂糖を使ったこともあって、色が薬の外郎によく似ていた。そこから、菓子のほうも「外郎」と呼ばれるようになり、現在は、菓子にだけ、その名が残ったのである。

竜胆（りんどう）　漢字と読みの結びつきとは？

植物の名前には、たとえば牛蒡（ごぼう）や桔梗（ききょう）のように、中国の漢字をそのまま持ち込み、それを漢音読みしたものがある。「竜胆」も、その一つである。

「竜胆」は、高原や山麓で紫の花をつける花。漢音での発音が「リンドウ」に近く、日本でもそれにしたがって、「りんどう」と呼ぶようになった。もともと、竜胆は、中国では根が漢方薬として利用されていた。その薬が日本へ伝わったとき、漢字も一緒に伝えられたのである。

紅型　「びん」と読むのはなぜか？

沖縄の染織物「紅型」は、これで「びんがた」と読む。「紅」を「べに」ではなく

「びん」と読むのは、これが琉球式の発音だから。しかも、琉球語での「紅」は、単に赤という意味ではなく、いろいろな色という意味を表す。だから、他の色が目立つ染織物でも「紅型」なのだ。

親切 「親を切る」と書くのはなぜ?

小学校時代「親切」という熟語を覚えたとき、「なぜ、親を切ると書いて親切なの?」と疑問を抱いた人はいないだろうか?

じつは、その昔、この熟語に「親」という漢字は使われていなかった。「深切」と書いていたのだ。「切」には、はなはだしいという意味があり、心の寄せ方がはなはだしく深いという意味で「深切」と書き表されていたのである。

やがて、「しんせつ」という言葉が、深く相手を思うという意味から、思いやりがあるという意味に変化してきた。そこで「親身になる」という意味で、「親」の字が当てられるようになった。

料理　「料」と「理」の意味するところは?

古代中国では、「料理」という熟語は「物事を適当に処置すること」という意味で使われていた。

ただし、食とまったく関係がなかったわけではなく、もともと「料」は米と斗(マス)を合わせた字であり、「計る」という意味をもつので、わずかながら、食べることに関係していた。一方、「理」は「おさめる」という意味で、その二文字が合わさって「料理」で、物事を計り、あるべき状態におさめるという意味になった。

この言葉が日本では、伝わってからすぐに、食べ物を調理するという意味になった。平城京跡から出土した土器には、すでに「味物料理」という文字が見られる。

台風　「台」は何を表している?

中国語に「颱風」という言葉がある。「颱」とは、福建省あたりのことで、「颱風」は台湾海域から襲ってくる暴風という意味。日本では「颱」を「台」に置き換えて、

「台風」と書くようになった。

ちなみに、英語の「タイフーン（typhoon）」は、この「台風」がもとになっているという説と、ギリシア神話の悪魔「Typhon」が語源という説があって、どちらが正しいかはっきりしない。

注文　なぜ「文」の字が使われる？

「注文」という熟語には、なぜ「文章」の「文」の字が使われているのだろうか。

何かを注文するときは、品種や形、寸法、数量などを伝える必要がある。本来、「注文」とは、そんな希望条件を書いた書状のことだった。つまり、書かれた言葉という意味で「文」という字が使われているのである。

やがて、広く商売が発達し、口頭で伝えることまで「注文」と呼ばれるようになった。

胡瓜　どうして「胡瓜」と書くのか？

キュウリは、一〇〇〇年以上も前に中国から伝わった野菜。「胡瓜」という書き方も中国から伝わったもので、中国語の「胡」は、中央アジア方面を指す言葉。キュウリはインド原産で、シルクロードを経て胡方面から伝わった瓜という意味で「胡瓜」と書かれるようになった。

日本では、キュウリが熟すると黄色くなることから、「黄瓜」とも書く。江戸時代には、もっぱらキュウリは黄色い野菜だったが、その後、品種改良によって、今のような緑色の野菜になった。

宿敵　「宿」には、どんな意味がある？

ライバルのことを、日本語では「宿敵」と言うが、この場合の「宿」は「やど」という意味ではない。「宿」という漢字には、「とめおく」「とどめる」という意があり、そこから「もとから」「前から」という意味が生じた。つまり、「宿敵」とは、「前からの敵」という意味である。

「宿敵」以外にも、「宿願」「宿弊」などの「宿」は、「前から」という意味で使われている。

道具　「道」が意味するものは？

本来、「道具」とは、仏教の修行に用いる用具を指すものだった。つまり、「道」とは仏道のことだったのである。したがって、この言葉は、もっぱらお寺で使われていた。

それが、鎌倉時代あたりから、武家で刀や鎧(よろい)などの武具を「道具」と呼ぶようになり、やがて一般庶民の間でも、さまざまな用具を「道具」というようになった。これは、仏教が一般庶民にまで浸透し、同時に仏教用語も広まったことが影響している。

西瓜　「西」とは、どこを指している？

西瓜という名は、「西のほうから入ってきた瓜」という意味でネーミングされた。ただし、西のほうといっても、日本から見ての西ではない。中国から見て、西という意味である。

西瓜は、アフリカ南部のカラハリ砂漠で生まれ、エジプトでは四〇〇〇年も前から栽培されていた。その西瓜がシルクロードを経由して中国の西域に達したのは、一二世紀のこと。そのころ、「西瓜」と名づけられたと記録に残っている。

ちなみに、「西瓜」は、漢音では「セイガ」、呉音なら「サイカ」と読む。「スイカ」という日本式の読み方は、そのいずれかがなまったものとみられている。

面倒　面が倒れると書くのはなぜ？

手間がかかってわずらわしいことを「面倒」という。なぜ「面が倒れる」と書くのだろうか。

一説によると、面倒は「馬道（めどう）」に当て字したものだという。馬道とは、平安時代の寝殿造りの屋敷の敷地内に設けられていた馬を通すための通路のこと。その通路を通って、馬を中庭に連れていくのは大変な作業だったため、「めどう」は「わずらわしい」という意味になった。

「馬道」は、「めんどう」とも読まれていたことから、「面倒」の字が当てられたという。

椅子　「子」がついている理由は？

「椅子」「扇子」「帽子」などには、共通点がある。それぞれ「椅」「扇」「帽」の一字で意味は伝わり、「子」はただくっついているだけということである。扇や帽はもちろん、「椅」一字だけでも、「いす」を表す。

ただ、中国語には、二音節にして音を聞きとりやすくするため、接尾詞の「子」をつける習慣があり、「椅子」「扇子」「帽子」と書き表すようになった。それが日本に伝わって日本語としては意味のない「子」が用いられてきたというわけだ。

経営　「経」とは何を意味するか？

企業などの組織を運営することを「経営」という。「営」はむろん「いとなむ」という意味だが、「経」には、どのような意味があるのだろうか。

「経」という字は、本来は「經」と書き、そのつくりの部分は、はた織り機に縦糸を張った様子を表している。それに糸偏をつけた「経」は、本来、織物の「縦糸」のことだった。

昔は、その縦糸を用いて土地の縄張りを示したので、土地を測量してその上に建物をつくることを「経営」と言った。そこから、やがて「手に入れた土地を治める」という意味が生じ、さらには「事業を行う」という意味が生まれてきた。

名勝　どうして「勝」の字が使われているか？

景色のよい地を「名勝」という。「名」は「名高い」という意味だが、その次になぜ「勝」という字が使われているのだろうか。

「勝」は「朕（ちん）」と「力」を組み合わせた漢字。「朕」は、もとは船を両手で高く持ち上げる様子を示した字で、「重いものを持ち上げる」という意味を含んでいる。

つまり、「勝」は「重いものを力を込めて持ち上げる」というのが本来の意味で、そこから「ほかより優れている」「ほかに勝る」という意味が生じた。

「名勝」の「勝」はこの意味で、「ほかよりも景色に優れた名高い場所」という意味になる。

惑星　「惑う星」と書く理由は？

「惑星」とは、地球、金星、火星など、太陽のような恒星の周りを回っている星のこと。「惑う星」と書くのは、それらの星々が、夜空の中で独特の動き方をすることと関係している。

毎夜、同じ時間に夜空を見上げると、ほとんどの星は、日にちが経つにつれ、見える位置が東から西へと移動していく。だが、なかには基本的には東から西に移動しつつも、ときには東の方向に戻ったり、同じ位置で止まったりしているように見える星がある。まるで何かに「戸惑っている」ような動きをするところから、そういう運動をする星のことを「惑星」と呼ぶようになった。

中国で「行星」、ギリシア語で「さまよう人」という意味の「planets」と名づけられたのも、同様の理由からだ。

銀杏　「銀」は何を指すか？

日本では「銀杏」と書いて「ギンナン」とも「イチョウ」とも読むが、中国ではイチョウの実であるギンナンの意に限定される。

その「銀杏」という漢字を、日本では「イチョウ」とも読むようになったのは、室町時代のことと言われている。

日本に初めてイチョウが伝わったのは、鎌倉時代のこと。当時、中国ではイチョウを「鴨脚樹」と書いていた。「鴨脚樹」というのは、イチョウの葉が鴨の脚に似ているからで、最初はこれが日本に伝わり、「キーチャオ」と読んでいた。これが、しだいに「イチョウ」へ変化した。

やがて、イチョウの実を指す「銀杏」という漢字も日本へ伝わり、日本では両者を混同して、「銀杏」を「イチョウ」とも読むようになったとみられている。

納涼　なぜ「納」という字を使う？

夏の暑さを避けて涼むことを「納涼」といい、「納涼花火大会」「川辺に納涼に行く」などと使う。しかし、なぜ「涼を納める」と書くのだろうか。

「納税」「収納」のように、「納」は「納める」という意味で使われることが多いが、

「受け入れる」という意味もあり、「受納」「納得」のように、物事を「受け入れる」という意味でも使われる。

「納涼」もこれと同じ用法で、「涼しさを受け入れる」、すなわち「涼しさを味わう」という意味になる。

約束　いったいどんな「束」なのか?

人と約束すると、その分、自由な行動が制限されることになる「約束」の「束」の字は、そんな意味を表している。

「束」は、もともと木を集めて、紐で縛ることを意味し、そこから、自由な動きがとれないように縛るという意味が生じた。昔の人も、「約束」が時として、自由な行動を妨げることを知っていたのだろう。

一方、「約」という字は本来、糸を引き締めて結び、忘れないようにするための印のこと。要するに、「約束」とは、互いに取り決めたことを忘れないように気を配る一方、自分の自由を奪うものということになる。

憲法　「憲」とは何を表す字か？

国を治める基本的な法律を意味する「憲法」という言葉は、中国では古代から、日本でも聖徳太子の時代から使われている。この「憲」には、どんな意味があるのだろうか。

「憲」の上のほうの部分は、目の上にかごなどをかぶせた様子を表しており、「無秩序な動きを封じる」という意味がある。それに「心」がついて、「憲」は「目や心の無秩序な動きを封じる」という意味を含み、そこから「きまり」や「法律」を表す文字となった。

報道　「道」という字を使うのは？

新聞やテレビで報じられるニュースや、物事を知らせることを「報道」という。「報」は「しらせる」「告げる」という意味だが、「道」にはどのような意味があるのだろうか。

この場合の「道」は、「道路」や「筋道」という意味ではない。「道」には「言う」「語る」という意味もあり、「言語道断」などはこの意味で使われている。「報道」の「道」もそれと同じ。さまざまな物事を知らせ、語るという意味で使われている。

一抹(いちまつ)「抹」って、どれくらいの量?

お茶の「まっ茶」を漢字で書くと「抹茶」。この「抹」には、すりつぶして粉にするという意味がある。「抹茶」の場合は、この意味で使われているが、「抹」のもともとの意味は、「ぬりつける」とか、「ぬりつけて消す」。そこから、「一抹」は「ひとぬり」を表し、わずかな量を意味する語となった。たとえば、「一抹の不安」は、かすかな不安のことである。

午前・午後 なぜ十二支の「午」が出てくる?

昔の時刻は、一日二四時間を一二分し、零時の「子(ね)」から二時間おきに、丑、寅、卯、辰、巳、午、未、申、酉、戌、亥とした。「午」は七番目で、お昼の一二時に当たる。一日のちょうど真ん中である。

　そこから、「午の刻」より前が「午前」、後が「午後」となり、それが、現在でも使われている。

黄泉(よみ)　あの世は黄色い世界なのか？

　あの世を意味する「黄泉」は、中国から伝わった言葉。といっても、昔の中国人が、あの世は黄色っぽいとか、死後の世界に黄色い泉があると信じていたわけではない。古代中国では、大地を黄色で表した。だから、「黄泉」とは、大地の下にある泉という意味。そこから転じて、あの世を指す言葉として用いられるようになった。

　つまり、昔の中国人は、あの世が地下の奥深くにあると考えていたことになる。

下戸　飲めない人はなぜ「下」扱いされる？

　大酒飲みを「上戸(じょうご)」といい、酒の飲めない人を「下戸(げこ)」という。飲める人が「上」で、飲めない人が「下」とされるのは、これらの言葉がもともと平安時代の貧富の差を表していたことと関係していそうだ。

当時の租税制度では、労働力が多く、納める税金も多い裕福な農家を「上戸」とし、さらに納税額の多寡に応じて「中戸（ちゅうこ）」「下戸」とした。このランク分けにしたがって、婚礼のときの振舞い酒の量が「上戸八瓶、下戸二瓶」と定められていたことから、たくさん酒の飲める人を「上戸」、少ししか飲めない人を「下戸」と呼ぶようになったとみられる。

老中　「中」にはどんな意味がある？

江戸幕府で、将軍に次ぐ高位の役職を「老中」といった。「老中」の「老」は、戦国時代にこの地位を「宿老」「年寄」と呼んだことからきたものだが、「中」の字にはどんな意味があるのだろうか。昔から、日本人は、目上の人や身分の高い人は、直接名前で呼ばず、遠回しな呼び方をする習慣があった。この「中」も、「その方のところに」という意味で、遠回しに言うことで、相手への尊敬の念を表している。

ちなみに、会社や団体宛の手紙に使われる「御中」の「中」にも同様の意味がある。

2　知れば知るほどおもしろい四字熟語のはなし

合従連衡（がっしょうれんこう）――「従」「衡」の意味、わかりますか？

時々の利害に応じて、結んだり離れたりする外交政策のこと。中国の戦国時代に登場した言葉。

秦が強国として台頭、残る六国が秦にどう対するかを迫られていたさい、策士・蘇秦が唱えたのが「合従」策で、六国が縦（従）、つまり南北の国々が結んで秦に対抗しようとする外交策だった。

これに対して蘇秦と同門の士・張儀は秦側に立ち、「連衡」の策を立てた。秦と他国が「衡」（横という意）に連なるという外交策で、この連衡策が功を奏し、ついに中国大陸は秦によって統一された。

呉越同舟（ごえつどうしゅう）――「呉越」は何のたとえ？

仲の悪い者同士が同じ場所にいること。中国・春秋時代の戦乱に起源がある言葉。呉と越には深い因縁があり、抗争を繰り返していた。越王・勾践（こうせん）は呉を打倒するものの、呉王・夫差（ふさ）は越への復讐を誓い、ついには越王・勾践を下す。命は助けられた越王・勾践もまた復讐を誓い、艱難辛苦に耐え、呉を破り、夫差を自害に追い込んだ。そうした血で血を洗う抗争から、「呉越」というだけで険悪な仲のたとえとなった。

温故知新（おんこちしん）――昔は今とはビミョーに違う意味

孔子の『論語』にある言葉。「故き（ふるき）を温ね（たずね）新しきを知れば、もって師となるべし」という一節の一部。日本では「温故知新」の部分のみが「昔のことを調べ、そこから新しい知識を得る」という意味で、よく用いられている。

なお、「もって師となるべし」を含んだ元の言葉は、「古典に習熟し、新しいことも理解していけば、先生たりうる」という、より具体的な意味になる。

捲土重来（けんどちょうらい）――項羽をうたった詩が出典

一度敗れた者が、ふたたび勢力を盛り返してくること。唐代の詩人・杜牧の詩「烏江亭に題す」の中の一節「捲土重来いまだ知るべからず」から。その詩は、漢の劉邦に敗れた楚の項羽をうたったもの。もし項羽が故郷の江東に帰って、再起を図ったなら、ふたたび猛烈な勢いで、漢の劉邦と対決できたであろうにと、項羽の死を惜しんでいる。

画竜点睛（がりょうてんせい）――原典では「欠いた」ほうがよかった

物事を完璧にするための最後の仕上げを意味する。今は「画竜点睛をかく」で「最後の最後に失敗する」という意味で使うが、この言葉のもとになった話では、最後の仕上げをしたために、大変なことが起きている。中国の南北朝時代、ある絵師が竜の壁画を依頼された。彼は、いまにも天に昇りそうな竜を描いたものの、瞳（睛）を描かなかった。瞳を描けば竜は壁画から飛び出し、天に去ってしまうからだという。

人々は彼に瞳を描くことをせがみ、彼はついに竜の瞳を描いた。すると竜は本当に空に飛び去り、壁画の中の竜の姿は消えてしまったという。なお、「点睛」の「睛」を「晴」と書き間違えないように。

一網打尽（いちもうだじん）――最初に使ったのは〝検察長官〟

一網で魚を全部捕まえるように、一味をすべて捕らえること。中国・宋王朝時代の政争に起源がある言葉。

皇帝・仁宗の宰相であった杜衍と、その一派は専横を極め、多くの人々の怨みを買っていた。今でいう検察長官の王拱辰は、杜衍に対して憤慨し、追い落とす機会をうかがっていた。

杜衍が公金を使って宴会を開いたときをチャンスと見て、王拱辰は宴会の場に集まった者をすべて逮捕。「われ、一網打尽せり」と叫んだところから、この言葉が生まれた。

換骨奪胎(かんこつだったい)——もとは悪い意味ではなかった！

この四字熟語、いまは「他人の作品の焼き直し」という否定的な意味で使われるが、もとは違って、故人の作った詩文の発想や形式を借用しながら、独自の作風に仕上げることを指した。

その手法を提唱したのは、中国・宋代の黄山谷で、彼は新しい詩文を作るために「換骨法」と「奪胎法」を考案した。人の才能に限りがあることを前提とし、そのうえでいかに新しい作品をつくり出すかを考えた方法論であり、焼き直しという意味はなかった。

月下氷人(げっかひょうじん)——なぜ、結婚式の媒酌人を意味するか？

結婚式の媒酌人を意味する。「月下老人」と「氷人」という二つの言葉が合体した言葉。

「月下老人」は中国・唐の時代の老人。韋固という若者が、月夜にその老人に出会ったところ、老人は未来の妻を予言したという。

一方、「氷人」は、中国・晋の時代に現れた占いの名人のこと。孤策という若者が結婚に関する夢判断を求めたところ氷人は、その夢をみごとに解釈し、そのおかげで若者は結婚できたという。

酒池肉林(しゅちにくりん)――殷王朝最後の王、紂王の大宴会の様子から

ぜいたくを極めた宴会のこと。日本では、この言葉を女性をはべらせた宴会に用いることがあるが、この「肉」は本来は食べる肉のことだった。

古代中国・殷王朝最後の王、紂王はたいへんな暴君で、寵姫の歓心を得るため、池に酒を満たし、樹木に肉を吊し、林に見立てたという。そこからこの言葉が生まれた。

以心伝心(いしんでんしん)――最初に黙って伝えようとした人は?

無言のうちに心が通じ合うこと。仏教の世界から生まれた言葉。釈迦は霊山に弟子らを集めたとき、蓮の花をつまんで一同に見せた。釈迦のその謎かけに、弟子らの多

くは困惑した。

そんななか、迦葉という弟子のみ、釈迦の言わんとするところを解し、微笑んで見せた。このあと、釈迦は、仏教の奥義が迦葉に伝えられたと語ったという。それは語らずとも師から弟子に奥義が伝わった瞬間であり、禅宗では、その一瞬こそ禅の本質ととらえている。

四面楚歌（しめんそか）――これも、中国史のスパースター、項羽と劉邦の故事から

周囲が敵対者ばかりであること。前述の「捲土重来」と同様、漢の劉邦と楚の項羽による覇権争いから生まれた言葉。項羽の楚軍が敗れ、垓下（がいか）で漢の軍勢に取り囲まれたときのこと。漢の軍勢から、項羽の故郷である楚の歌が流れはじめた。

四面から楚の歌を聞いて、項羽は味方である楚の者らも漢軍方に寝返ったものと解釈、すでに味方を失ったと嘆いた。じつは、それは漢の軍師・張良の策略だったが、項羽はその策にひっかかって絶望したという故事に由来する。

天衣無縫（てんいむほう）——もとは性格ではなく、詩文の出来ばえを誉めた言葉

今は、無邪気で、わざとらしさのない性格を意味するが、もとは詩文や書画の見事な出来ばえをたたえる言葉だった。

「天衣」とは天女の衣服のことで、中国で郭翰という男が、天女が舞い降りて来るのを見た。その衣服を見ると、まったく縫い目がない。郭翰が驚くと、天女は自分の衣には針や糸を使わないと答えた。そこから、天女の衣には縫い目がないという話が生まれ、見事な作品をたたえる言葉になった。

不倶戴天（ふぐたいてん）——もとは父の仇のこと

読み下せば「倶（とも）に天を戴（いただ）かず」。同じ空（天）の下では共存できないくらい、許せないことを意味する。もともとは、父の仇のことを指した。

儒教の経典のひとつ『礼記』の中に、「父の仇は与（とも）に天を戴かず」とある。つづいて「兄弟の讐（あだ）は兵に返らず、交遊の讐は国を同じくせず」とある。現代では、他の理由で生じた敵にもこの四字熟語を使う。

羊頭狗肉（ようとうくにく）——原典では〝羊頭馬肉〟

見かけ倒しという意味。看板に羊の頭を掲げているのに、実際には狗（いぬ）の肉を売っているところから、見かけと本質が一致しないことを指す。

ただし、ルーツをたどると、肉の種類が微妙に異なる。後漢の光武帝の詔書に「羊の頭をかかげて馬膊（馬の乾肉）を売り」というくだりがある。また、春秋時代の名臣晏子の言行を記した『晏子春秋』にも、「牛首をかかげて馬肉を内に売る」とある。売られていたのは狗の肉ではなく、馬肉だったのだ。

乾坤一擲（けんこんいってき）——「乾坤」とは大地という意味

運命をかけて大きな勝負をすること。「乾坤」は大地を意味する。「一擲」は打ち投げること。中国・唐代の詩人・韓愈の詩「鴻溝を過ぐ」に、「真に一擲乾坤を賭するを成せる」という一節があり、それが原典。

その詩は、漢の劉邦と楚の項羽の争覇戦を描いたもので、両雄は鴻溝の地を境に、いったん和議を結ぶ。その後、劉邦は意を決し、鴻溝の国境ラインを越えて項羽を攻める。詩は、そのときの劉邦の決意のほどを描いている。

多岐亡羊（たきぼうよう）——今と昔では、意味が違う言葉

今は、いろいろな方法などがあって、どれを選んだものか思案に暮れることをいうが、もとの意味はやや異なる。

中国・戦国時代に、楊子という学者がいた。彼の隣家では羊を飼っていたが、ある日、一匹が逃げ出した。たった一匹の羊を探すのに一家は総出となる。逃げた方向が多岐に分かれていたからだ。

その話を聞いた楊子は、それを学問の道にたとえたという。つまり、学問の道はいろいろ多方面に分かれているので、真理を得がたいことにたとえたのである。

5

誰もがやってしまう
漢字の「書き間違い」

●書き間違えると恥ずかしい漢字です。

×異和感　○**違**和感
▼ちぐはぐで、しっくりしないことを言う言葉。「違和」と書くのが正しい。

×逆点　○逆**転**
▼「逆転」は、物事のなりゆきが反対になること。「逆転ホームラン」などと使うが、「逆点」と誤って書かないように注意。

×自論　○**持**論
▼「持論」は、かねてから主張している、その人の意見のこと。自分の意見だからと「自論」と書くのは誤り。

×専問家　○専**門**家
▼「専門家」は、ある分野に精通しているエキスパート。「問題」の「問」ではなく、「部門」の「門」を使うのが正解。

×気嫌　○**機**嫌
▼「機嫌」は、人の精神状態や気分のことを言う言葉。仏教語の「譏嫌」に由来する。気分の「気」と書くのは誤り。

×受話機　○受話**器**
▼電話機や無線機で使う「受話器」は、「器」と書くのが正しい。機械の「機」は、動力を備えたより大型の機械に対して使う。

×中ば
○**半**ば
▼「半分」や「中間」という意味の「なかば」は「半ば」と書く。中間のことではあるが「中ば」と書くのは誤り。

×最底気温
○最**低**気温
▼「最低気温」は「もっとも低い気温」という意味なので、「低」を使う。「底」を使うのは誤り。

×環元
○**還**元
▼「還元」は、物事をもとの状態に戻すこと。輪のように取り囲む「環」ではなく、一周してもとに戻る「還」を使うのが正解。

×講議
○講**義**
▼「講義」は、学問や研究の成果について解説すること。話し合いを意味する「議」ではなく、言葉の意味や理由を表す「義」を使う。

×応待
○応**対**
▼「応対」は、人の相手をして受け答えすること。「接待」と混同して、「応待」と書かないように注意。

×新訳聖書
○新**約**聖書
▼「新約聖書」は、キリスト誕生後の神の啓示や物語を記したキリスト教の聖典のこと。「神が人類に与えた新しい契約」なので「新約」と書く。

●うっかりミスをしやすい漢字です。

×好学心 ○**向**学心 ▼学問に励もうとする気持ちのことであり、学問に気持ちを向けることから「向」を使う。

×人間技 ○人間**業** ▼この言葉は「人間業とは思えない」などと、その人が技術面などで卓越している様子を表す。超人的な技術を意味する「神業」や「至難の業」なども、同じく「業」と書くのが正しい。

×器管 ○器**官** ▼「器官」は、いくつかの組織が集まって、一定の働きをするもの。「器管」という言葉はない。なお、呼吸器の気道の一部は「気管」と書く。

×貯水地 ○貯水**池** ▼「貯水池」は、発電や農業用に水をためておく人工池。水を蓄える「池」なので、「地」と書くのは誤り。

×学校の購売部 ○学校の購**買**部 ▼学用品を買う場所は「購買部」と書く。「買い入れる」という意味の「購買」を使うのが正しい。

×相言葉 ○**合**言葉 ▼「合言葉」は、仲間内だけに通じるように、あらかじめ決めておく言葉。合図の言葉だから、「合言葉」と書くのが正解。

×親不幸 ○親**孝**不孝
▼「親不孝」は、親を大切にせず心配をかけること。親を「不幸」にすると書くのは誤り。

×圧観 ○圧**巻**
▼「圧巻」の「巻」は、答案用紙を意味する言葉。中国の科挙（官吏登用試験）で、最優秀者の答案をいちばん上に載せたことから。

×感違い ○**勘**違い
▼「勘違い」は、間違って思い込むこと、考え違いをすることなので、「勘が鋭い」の「勘」を使う。

×油汗 ○**脂**汗
▼人の皮膚から分泌するあぶらは「脂」と書くのが正しい。「顔にあぶらが浮く」などというときも「脂」を使う。

×身を結ぶ ○**実**を結ぶ
▼「実を結ぶ」は、努力の結果、成功するという意味なので、植物の「実」と書くのが正しい。

×一率値上げ ○一**律**値上げ
▼どの商品も例外なく値段を上げることなので、同じ調子を意味する「一律」と書くのが正解。

●気が付かないまま書き間違えていませんか？

×正当派　○正**統**派
▼「正統派」は、宗教や学問などで、教義や学説を受け伝えている流派のこと。「正しい系統の派」なので「正統派」と書く。

×既製事実　○既**成**事実
▼「既成事実」は、すでに事実としてあり、広く承認されている事実を意味する。「既製品」の「既製」は使わない。

×一貫の終わり　○一**巻**の終わり
▼すべてが終わり、もはや手遅れであることを意味する。一巻の物語が終わることにたとえて、「一巻」と書く。

×有頂点　○有頂**天**
▼得意の絶頂にいることは「有頂天」と書く。仏教で最上の世界だと言われる「非想非非想天」に由来する。

×外交性　○外**向**性
▼行動的で、外のものに興味を抱く性格を「外向性」と言う。社交的な性格だからと「外交」と書くのは誤り。

×毒説　○毒**舌**
▼この言葉は、辛辣な皮肉や悪口を言うことを意味する。言葉を意味する「舌」と書くのが正しい。

×主侍医　○主**治**医
▼かかりつけの医者のことは「主治医」と書く。「主治」は「主となって治療する」の意。なお、「侍医」は身分の高い人を診る医師という意味だが、「主侍医」という言葉はない。

×夜向性　○夜**行**性
▼昼に休み、夜に活動する動物の習性を「夜行性」と言う。夜に行動するから「夜行」と書く。

×差し触り　○差し**障**り
▼事を進めるのに具合が悪い事情などを「差し障り」と言う。不都合を意味する「障り」を使うのが正しい。

×抗性物質　○抗**生**物質
▼「抗生物質」は、他の微生物や細菌の発育を阻害する有機物質のこと。微生物に対抗する物質という意味で、こう書く。

×ご破産　○ご破**算**
▼いままで進めてきたことをすべてやめ、元に戻すことは「ご破算」と書く。そろばんで、珠をすべて払ってゼロの状態にすることから。

×難行する　○難**航**する
▼物事がうまく進まないことを言う「難航」は、航行が困難であることを意味する「航」を使うのが正解。「難行」は「なんぎょう」と読み、苦しい修行という別の意味になる。

●間違えたまま覚えていませんか？

×木っ葉みじん ○木っ端みじん
▼粉々にくだけ散るという意味の「こっぱみじん」は、「木っ端みじん」と書く。「木っ端」とは、木のくずという意味。

×快心の作 ○**会**心の作
▼期待どおりにできた作品は「会心の作」。「気持ちにかなう」という意味の「会」を使うのが正解。

×未青年者 ○未**成**年者
▼満十八歳に達しないものは「未成年者」と書く。それ以上の年齢の若者も含む「青年」は使わない。

×恩の字 ○**御**の字
▼ありがたく、満足できることは「御の字」と書く。もとは遊郭から出た言葉で、「御」という字をつけたくなるほどありがたいという意味。

×気遅れ ○気**後**れ
▼恥ずかしさや恐れから心がひるむことなので、遅くなる「遅」ではなく、しり込みすることを意味する「後」を使う。

×非行少年を更正させる ○非行少年を更**生**させる
▼社会的によくない状態から立ち直ることは「更生」と書く。一方、「更正」は、判決や登記などの誤りを正すときに使う。

× 一同に会する
○ 一堂に会する
▼ 何人かの人が同じ場所に集まることを言うので、同じ場所や同じ会場を意味する「一堂」と書くのが正しい。

× 片身が狭い
○ 肩身が狭い
▼ 世間に対してひけめを感じることは「肩身が狭い」と書く。肩と体の幅が狭いという意味から、面目が立たない様子を表す。

× 税務所
○ 税務署
▼ 「税務署」は、国税の徴収を行う機関のこと。「警察署」や「消防署」と同様、「所」ではなく「署」を使う。

× 単的に言う
○ 端的に言う
▼ 「端的に言う」とは、てっとり早く用件を言うこと。簡単の「単」ではなく、「ありのままに」という意味の「端」を使う。

× 悪どい手口
○ あくどい手口
▼ たちが悪いことを言う「あくどい」は、平仮名で書くのが正しい。どぎつさを表す「灰汁（あく）」と「くどい」が語源。

× 関心を買う
○ 歓心を買う
▼ 人の機嫌をとることなので、うれしく思う気持ちを意味する「歓心」と書く。「関心」と間違いやすいので注意。

× 最大もらさず
○ 細大もらさず
▼ 「小さなことも大きなことも、もらさず全部」という意味なので、「細大もらさず」と書くのが正解。「最大」では意味が成り立たない。

× 蹴りをつける ○ **け**りをつける
▼結論を出して、問題を終わりにすることを「けりをつける」というが、古語の助動詞「けり」が語源なので、ひらがなで書くのが正解。

× ご多聞にもれず ○ ご多**分**にもれず
▼この言葉は「例外なく」という意味を表す。多くの場合と同じようであることを意味する「ご多分」と書くのが正解。

●書き間違いに要注意の四字熟語です。

× 日新月歩 ○ 日**進**月歩
▼「日ごとに月ごとに進歩する」という意味なので、「日進月歩」と書くのが正解。

× 大器晩生 ○ 大器晩**成**
▼大きな器が早く完成しないように、大人物ほど世に出て事を成すのが遅いという意味。「晩成」は「完成に時間がかかる」という意味。

× 自我自賛 ○ 自**画**自賛
▼自分でしたことを自分でほめること。自分で描いた「画（絵）」に、自分で「賛（詩文）」を書き入れることから。

× 絶対絶命 ○ 絶**体**絶命
▼逃れようのない、差し迫った状態にあること。「絶」には「きわまる」という意味があり、「体も命もきわまる状態」を表している。

×諸行無情
○諸行無**常**
▼世の中のすべてのものは変化し、永久不変なものはないという意味。「情けがない」という意味の「無情」と書くのは誤り。

×独断先行
○独断**専**行
▼物事を独りで判断し、勝手に行うこと。先に行くことを意味する「先行」とは書かない。

×前代見聞
○前代**未**聞
▼いままで聞いたこともないような、ひじょうに珍しいこと。見たり聞いたりする「見聞」を使うのは誤り。

×無我無中
○無我**夢**中
▼あることに心を奪われ、我を忘れること。「夢中」は熱中してほかのことが考えられない状態。「無中」という言葉はない。

×意気統合
○意気**投**合
▼互いの気持ちがぴたりと合うこと。「統合」にも「一つにまとめる」という意味があるが、「意気統合」とは書かない。

×大同小違
○大同小**異**
▼小さな点では異なるが、大差はないという意味。「同」の反義語は「異」であり、「違」を使うのは誤り。

×意思薄弱
○意**志**薄弱
▼この言葉は、意志が弱く、決断力や判断力に欠けることを意味する。何かを実現しようとする志を表す「意志」を用いる。

×才色兼美
○才色兼**備**
▼すぐれた才能と美しい顔立ちの両方を持ち合わせること。美人のことを指すが、「兼美」と書かないように注意。

×意味深重
○意味深**長**
▼裏に別の意味が隠されていること。この場合の「長」とは、「多い」という意味。「深重」と書かないように注意。

×心気一転
○心**機**一転
▼何かのきっかけで、気持ちが良いほうへ変わること。「心気」にも気分という意味があるが、「心気一転」とは書かない。

●大人ならサラッと書きたい漢字です。

×威猛高
○**居丈**高
▼「居丈高」は、人に対して高圧的な態度をとるさま。相手を威圧することから「威丈高」とも書くが、「威猛高」は誤り。

×泥試合
○泥**仕**合
▼醜い争いを「泥仕合」と言う。歌舞伎で舞台に泥田を作り、そこで立ち回りをしたことから。「試合」ではない。

×応揚
○**鷹**揚
▼「鷹揚」は、ゆったりとして上品な様子を言う言葉。鷹が悠然と空を飛ぶことから「鷹揚」と書く。

×玉の腰　○玉の**輿**
▼女性が結婚することで得られる、富貴な身分のことを「玉の輿」と言う。高貴な人物の乗り物である「輿」に乗ることから、こう書く。

×平行感覚　○平**衡**感覚
▼この言葉は、体の位置や運動の変化を感知する感覚を表し、もともと秤の横棒という意味がある「衡」を使うのが正解。

×交換神経　○交**感**神経
▼「交感神経」は副交感神経とともに、体内の機能を調節する神経のこと。互いに取り換える「交換」を使うのは誤り。

×気帳面　○**几**帳面
▼きちんとしていることを「几帳面」と言う。「几帳」は、室内で使う仕切りのことで、その柱の角を削って整えたことから。

×原価償却　○**減**価償却
▼決算期ごとに、減少した固定資産の価値を費用として算入する会計上の手続きのことを「減価償却」と言う。期ごとに、価値が減ることから「減」を使う。

×御頭付き　○**尾**頭付き
▼「尾頭付き」は、おめでたい席で出される魚料理のこと。尾と頭をつけたまま調理するので、「尾頭付き」と書く。

×抱擁力　○**包容**力
▼欠点などを気にせず、相手を受け入れる心の広さを「包容力」と言う。抱きかかえるという意味の「抱擁」と書くのは間違い。

×桃原郷　○桃**源**郷

▼世俗を離れた理想郷のことを「桃源郷」と言う。陶淵明の『桃花源記』に描かれた別天地が語源なので「桃源」と書くのが正解。

×日影者　○日**陰**者

▼「日陰者」は、表立って世間に出られない人のこと。日光が当たらないという意味の「日陰」を使う。

×腹臣　○腹**心**

▼「腹心」は、信頼でき、何でも打ち明けて相談できる人のこと。心の底から信じることから「腹心」と書く。

×打ち手の小槌　○打ち**出**の小槌

▼「打ち出の小槌」は、振れば何でも欲しいものが出てくるという魔法の小槌。「打ち出す」小槌なので「出」を使う。

×危機迫る　○**鬼気**迫る

▼身の毛のよだつような、不気味な気配が漂っていることは「鬼気迫る」と書く。「危機」が迫ると書くのは、誤り。

●**書けると一目おかれる漢字です。**

×懐古録　○**回顧**録

▼過去の出来事や思い出などを記したものは「回顧録」と書く。昔を懐かしむ「懐古」ではなく、後ろを振り返る「回顧」を使うのが正解。

×鍛治　…………　○鍛**冶**

▼「鍛冶」は、金属を鍛えて、刃物などの器具をつくること。金属を打って鍛える「冶」と、治療の「治」は違う漢字なので注意。

×一睡の夢　…………　○一**炊**の夢

▼「一炊の夢」は、人生のはかなさを意味するたとえ。飯を炊く間に栄枯盛衰の夢を見たという中国故事から。「睡」の字を使うのは誤り。

×嵩に着る　…………　○**笠**に着る

▼この言葉は、権力や地位を利用していばることを意味する。同じ意味の「嵩に懸かる」と混同して「嵩に着る」と書くのは誤り。

×お首にも出さない　…………　○**噯**にも出さない

▼この言葉は、秘めたことを口にせず、それらしい様子も見せないという意。「噯」とは「げっぷ」のこと。

×酒落　…………　○**洒**落

▼「洒落」は、気のきいた冗談や文句のこと。「洒」をよく似た「酒」と混同しないよう注意。

×掻き入れ時　…………　○**書**き入れ時

▼「書き入れ時」は、商店などでもっとも利益の多い時期を指す言葉。「帳簿を書き入れるのに忙しい時」という意味。

×濡れ手で泡　…………　○濡れ手で**粟**

▼簡単に多くの利益を得ることを、「濡れ手で粟」と言う。濡れた手で粟をつかむと、手に多くの粟がついてくることから。

×多寡が知れている

○**高**が知れている

▼この言葉は、たいしたことはないことを表す。程度を表す「高」を使うのが正しい。

×長打を逸する

○長**蛇**を逸する

▼チャンスを取り逃がすことを「長蛇を逸する」と言う。「長くて大きな蛇を逃がす」という意味から。

×獅子心中の虫

○獅子**身**中の虫

▼組織の中で害をなすものを、「獅子身中の虫」と言う。「獅子の体内に寄生する虫」という意味から「身中」と書く。

×会えない最期

○**敢**えない最期

▼あっけない最期のことは「敢えない最期」と書く。「臨終に立ち会えない」という意味ではないので、「会えない」は誤り。

×長口舌

○長**広**舌

▼「長広舌」は、長々としゃべり続けること。仏の舌が広くて長いことに由来するので、「長広舌」と書くのが正しい。

×法養を営む

○法**要**を営む

▼「法要」は、仏教の儀式のこと。「仏法の教えの要」という意味から「法要」と書く。供養の「養」を使うのは誤り。

×国敗れて山河あり

○国**破**れて山河あり

▼この言葉は、戦乱で国は滅んだが、山や川はもとの姿であるという意味。杜甫の詩に「国破山河在」とあるので「破」と書く。

×後世畏るべし
○後**生**畏るべし
▼将来伸びる可能性のある若者を侮ってはならないという意味なので、「後から生まれた者」という意味の「後生」を使う。

●「落とし穴」になる四字熟語です。

×出所進退
○出**処**進退
▼その職にとどまるか辞めるかという、身の振り方のこと。「世の中に出ないで家にいる」という意味の「処」を使う。

×責任転化
○責任転**嫁**
▼自身の責任を人になすりつけること。他人に押しつけるという意味の「転嫁」を使う。

×速戦速決
○速戦**即**決
▼短時間で物事の決着をつけることなので、「その場でただちに」という意味の「即」を使う。

×気色満面
○**喜**色満面
▼喜びが顔に満ちあふれていること。「喜色」は、喜びの表情のこと。

×粉骨砕心
○粉骨砕**身**
▼骨を粉にし、「身を砕く」ようにして働くことを意味するので、「砕身」と書く。

×勧善徴悪
○勧善**懲**悪
▼主に小説や芝居などで、善を勧め悪を懲らしめることを言う。「しるし」を意味する「徴」を使うのは誤り。

×危機一発
○危機一**髪**
▼「危機一髪」は、髪の毛一本ほどのごくわずかな差で危険が迫るという意味。「危機一発」という言葉はない。

×厚顔無知
○厚顔無**恥**
▼この言葉は、ずうずうしく恥知らずなことを意味する。恥を恥とも思わないことなので、「無恥」と書くのが正しい。

×孤立無縁
○孤立無**援**
▼誰も助けてくれる人がいないこと。無関係の「無縁」と間違いやすいが、援助がない「無援」と書くのが正解。

×思考錯誤
○**試行**錯誤
▼失敗を重ねながら、いろいろな方法を追求すること。「思考」ではなく、「試しに行う」と書くのが正しい。

×終始一環
○終始一**貫**
▼主義や態度が最後まで変わらないこと。一つのことを貫き通す「一貫」が正解。

×理論整然
○理**路**整然
▼話などの筋道が通り、整っている様子。「理路」とは、考えや話などの道筋のこと。「理論」ではない。

×栄古盛衰……○栄**枯**盛衰
▼人や国家が、栄えたり衰えたりすることを意味する。「栄枯」は、草木が茂り、枯れる様子を表す言葉。

×脅迫観念……○**強**迫観念
▼考えまいと思っても、頭から離れない考えを「強迫観念」という。おどしつけるという意味の「脅迫」ではない。

×快刀乱魔……○快刀乱**麻**
▼複雑な問題をみごとに処理すること。もつれた麻糸を刀で断つことから、「麻」と書くのが正しい。

●書けたらスゴい！　四字熟語です。

×針小膨大……○針小**棒**大
▼小さい事柄を、大げさに言うこと。針を棒と言うように誇張することから、「棒大」と書く。

×酔生無死……○酔生**夢**死
▼何もせずに無駄な一生を送ること。「酒に酔って生き、夢に死ぬ」ことから「夢死」と書くのが正解。

×進出鬼没……○**神**出鬼没
▼まるで神か鬼のように行動が自由で、居所の予測がつかないこと。「進出」と書くと意味をなさない。

×弧軍奮闘
○**孤**軍奮闘
▼誰の助けも受けずに、一人で戦うこと。「孤立」の「孤」と、弓形に曲がった形を意味する「弧」を混同しないよう注意。

×卒先垂範
○**率**先垂範
▼先頭に立って模範を示すことなので、「率いる」という意味の「率」を書くのが正解。

×易々諾々
○**唯々**諾々
▼何事も他人の言いなりになることが「唯々諾々」。「易々」は「たやすくできる」という意味なので誤り。

×軽重浮薄
○軽**佻**浮薄
▼言動が軽薄な様子。「佻」は、「軽々しくあさはか」という意味。「重」を使うと、意味が成り立たなくなってしまう。

×金城湯地
○金城湯**池**
▼守りが固く、ほかから侵略されにくい勢力範囲のこと。「金城」は堅固な城、「湯池」は熱い湯の入った堀を指す。

6

自分の語彙を豊かにする「四字熟語」

●会話で使える四字熟語です。

□**十中八九**
〈じっちゅうはっく〉 十のうち八か九はという意味。「じゅっちゅう」と読まないように。

□**悲喜交々**
〈ひきこもごも〉 喜びと悲しみが交互にやってくること。「受験シーズンの悲喜交々の風景」など。

□**異口同音**
〈いくどうおん〉 口をそろえて言うこと。「異句同音」と書かないように。

□**紳士協定**
〈しんしきょうてい〉 正式な形にはしないが、相手を信頼して結ぶ約束のこと。

□**天地無用**
〈てんちむよう〉 ひっくり返してはいけないという意味。この「天地」は「上下する」という意味。

□**物見遊山**
〈ものみゆさん〉 見物しながら遊びまわること。「物見遊山の

□贅沢三昧

□因果応報

□虎視眈々

□融通無碍

□起死回生

□八面六臂

旅」など。

〔ぜいたくざんまい〕　思うままに贅沢に暮らすこと。「贅沢三昧の生活」など。

〔いんがおうほう〕　過去の行為がもとになって、その報いが現在の善悪に現れること。

〔こしたんたん〕　野望を抱いた者が機会をうかがうこと。獲物を見つけた虎がじっと狙う様子から。

〔ゆうずうむげ〕　滞らせることなく、物事を進め、適切に対応すること。「融通無碍な対応」など。

〔きしかいせい〕　滅亡や崩壊の危機にあるものをよみがえらせること。

〔はちめんろっぴ〕　一人で数人分の働きをするたとえ。「臂」は「ひじ」のこと。

□津々浦々

□百鬼夜行

□天地神明

□有耶無耶

□後生大事

□風林火山

□鎧袖一触

〔つつうらうら〕　全国いたるところ、国中という意味。「津」は船着場、「浦」は海岸のこと。

〔ひゃっきやこう〕　夜、さまざまな妖怪が現れ、列をなして歩くこと。「ひゃっきやぎょう」とも読む。

〔てんちしんめい〕　天地の神々、すべての神々という意味。「天地神明に誓って約束する」などと使う。

〔うやむや〕　あいまいなこと。「耶」は疑問を投げかけたり、問いかけたりする語。

〔ごしょうだいじ〕　ひじょうに大事にする様子。「後生」は「来世」のことで、来世まで大事にするという意。

〔ふうりんかざん〕　孫子の『兵法』にある言葉で、戦術のあり方を示している。武田信玄が軍旗に記した。

〔がいしゅういっしょく〕　簡単に敵を打ち負かすこと。鎧の袖が触れる程度の力で、相手を倒してしまうという意。

□**曖昧模糊**

〔あいまいもこ〕 ぼんやりして、はっきりしない様子。「曖昧模糊として予測がつかない」など。

●常識としておさえたい四字熟語です。

□**旗幟鮮明**

〔きしせんめい〕 立場がはっきりしていること。「旗幟」は旗とのぼりのこと。

□**女人禁制**

〔にょにんきんぜい〕 寺社などに女性が入ることを禁じること。「きんせい」と読んでもいい。

□**率先垂範**

〔そっせんすいはん〕 人に先駆け、模範となること。この「範」は「模範」「手本」を表す。

□**森羅万象**

〔しんらばんしょう〕 宇宙に存在するすべてのもの。「森羅」は無限に並ぶこと、「万象」は形あるものすべて。

□流言蜚語

□閑話休題

□侃々諤々

□片言隻句

□喧々囂々

□人品骨柄

□博覧強記

〈りゅうげんひご〉　根拠のない、いいかげんな噂。「蜚」は「飛ぶ」という意味。「流言蜚語に惑わされる」など。

〈かんわきゅうだい〉　それた話を本筋に戻すときに使う言葉。「閑話」は無駄話、「休題」はやめること。

〈かんかんがくがく〉　遠慮することなく盛んに議論をする。なお「けんけんがくがく」という言葉はない。

〈へんげんせっく〉　短かな言葉。「片言隻句に注意して話を聞く」など。

〈けんけんごうごう〉　多くの人が騒ぎたてる様子。「侃々諤々」と混同・混用しないように。

〈じんぴんこつがら〉　その人にそなわっている品性・性格。「人品骨柄怪しからぬ人物」など。

〈はくらんきょうき〉　何でもよく知っていること。「博覧」は

- □抜山蓋世
- □夜郎自大
- □文人墨客
- □慇懃無礼
- □明眸皓歯
- □海千山千

多くの書物を読む、「強記」はよく記憶しているという意。

〈ばつざんがいせい〉 山を引き抜くような腕力と、世をおおうような気力があるということ。

〈やろうじだい〉 自分の力量をわきまえずにいばっていること。夜郎国という小国の王の故事から。

〈ぶんじんぼっかく〉 風流な趣味人のこと。「文人墨客に親しまれた名勝」など。

〈いんぎんぶれい〉 表面的な態度は丁寧（慇懃）だが、心の中では相手を軽くみている（無礼）様子。

〈めいぼうこうし〉 美人のたとえ。「明眸」は目もとの美しさ、「皓歯」は歯が白く美しいことを表す。

〈うみせんやません〉 したたかで、一筋縄ではいかない人のたとえ。「海に千年　山に千年」の略。

□国士無双

〔こくしむそう〕　並ぶものがないほど、優れた人。漢の将軍、韓信がこう評された。

□付和雷同

〔ふわらいどう〕　人の意見に無批判に同調すること。

□一騎当千

〔いっきとうせん〕　並はずれて強いことのたとえ。たった一人で千人の敵と戦えるほど強いという意味。

●使いこなしたい四字熟語です。

□面壁九年

〔めんぺきくねん〕　長い間耐え忍んで努力すること。達磨大師が壁に向かって九年間座禅を組み、悟りを開いた故事から。

□一蓮托生

〔いちれんたくしょう〕　最後まで行動や運命をともにすること。もとは、極楽の同じ蓮華の上に生まれ変わること。

□十人十色

〔じゅうにんといろ〕　考え方や性格、嗜好は人それぞれに違うこと。

□一視同仁
〔いっしどうじん〕　すべての人を分け隔てなく愛すること。唐の韓愈が蛮族や鳥獣も愛すべきだとして唱えた。

□五臓六腑
〔ごぞうろっぷ〕　すべての内臓。そこから、腹の中や心の中を指す言葉。

□三位一体
〔さんみいったい〕　三つのものが本質的には一つであること。現代では、三者が協力するという意味でも使う。

□傍目八目
〔おかめはちもく〕　第三者は客観的に情勢判断できること。「岡目八目」とも書く。

□永字八法
〔えいじはっぽう〕　「永」を書くための八通りの筆遣いを学べば、すべての字に共通する筆法が習得できるという意。

□百家争鳴
〔ひゃっかそうめい〕　学者や論客が自由に意見を発表し、論争し合うこと。「百家」は古代中国の諸子百家のこと。

□一陽来復
〔いちようらいふく〕　悪いことが続いたあと、よい方向へ向か

□明鏡止水

□不撓不屈

□臥薪嘗胆

□緊褌一番

□一期一会

□虚心坦懐

うという意。もとは、冬が去り、春がやってくること。

〈めいきょうしすい〉 邪念がなく、静かに澄んだ心境。「明鏡」はくもりのない鏡、「止水」は止まっている水のこと。

〈ふとうふくつ〉 どんな困難にも負けないことのたとえ。「撓」はたわむこと、「屈」はくじけることを表す。

〈がしんしょうたん〉 仇を討つまで、自分をあえてつらい立場に追いやること。

〈きんこんいちばん〉 心をひきしめて、事に当たること。「緊褌」は褌をしっかり締め上げること。

〈いちごいちえ〉 一生に一度という意。千利休が説いた侘茶の心得からきた言葉。

〈きょしんたんかい〉 先入観をもたずに、物事に臨む態度。また、そうしたわだかまりのない心境のこと。

□**大願成就**
〈たいがんじょうじゅ〉　願ったことがかなうこと。「神仏に大願成就を願う」など。

□**会者定離**
〈えしゃじょうり〉　出会った人とは必ず別れのときがくるという意。仏教で人生の無常を説いた言葉。

□**泰然自若**
〈たいぜんじじゃく〉　ゆったりと落ち着いているさま。「泰然自若とした態度」など。

□**行雲流水**
〈こううんりゅうすい〉　雲や水のように、成り行きにまかせること。「行雲流水の旅」など。

●どんな状態？　どんな関係？

□**切歯扼腕**
〈せっしやくわん〉　ひどくくやしがり、怒ること。「切歯」は歯ぎしり、「扼腕」は自分の腕を握り締めること。

□**一日千秋**
〈いちじつせんしゅう〉　一日を千年に感じるほど、待ち遠しい

□隔靴掻痒

□青天白日

□順風満帆

□隠忍自重

□五里霧中

□是々非々

□興味津々

という意味。「一日千秋の思いで待ち焦がれる」など。

〔かっかそうよう〕 靴の上から痒いところを掻くように、思いどおりにいかない、もどかしいという意。

〔せいてんはくじつ〕 やましいことがない、無実が明らかになるという意。よく晴れた天気という意味もある。

〔じゅんぷうまんぱん〕 物事がうまく進む様子。追い風（順風）を受けた船がすいすい進むことから。

〔いんにんじちょう〕 苦しみを忍び、行動をつつしむこと。「隠忍自重して好機をうかがう」など。

〔ごりむちゅう〕 事情がつかめず、見通しが立たないさま。

〔ぜぜひひ〕 よいことはよい、悪いことは悪いと個々に判断すること。「是々非々の態度で取り組む」など。

〔きょうみしんしん〕 ひじょうに興味があること。「津々」は

□**笑止千万**
□**玉石混淆**
□**切磋琢磨**
□**群雄割拠**
□**左顧右眄**
□**甲論乙駁**

どんどんと湧いてくる様子を表す。

〔しょうしせんばん〕　話にならないほど愚かな言動。「笑止千万な話」など。

〔ぎょくせきこんこう〕　優れたもの（玉）と劣ったもの（石）とが入り混じっている状態。

〔せっさたくま〕　友人やライバルが互いを高め合うこと。学問や道徳を磨くこと。石や骨を磨き、形作ることから。

〔ぐんゆうかっきょ〕　武将など（群雄）が各地を地盤にし（割拠）、勢力を争って対立すること。

〔さこうべん〕　他人の思惑を気にして決断しないさま。左をふりむき、右を流し目で見ることから。

〔こうろんおつばく〕　互いに意見を主張し合い、結論がまとまらないこと。甲が何か論じれば、乙が反論するという意。

□同工異曲
〔どうこういきょく〕　見かけは違うようでも、内容は似たようなものという意味。

□上意下達
〔じょういかたつ〕　上の命令が下に伝わること。「上意下達のピラミッド型の組織」など。

□一衣帯水
〔いちいたいすい〕　着物の帯のような狭い水（海峡や川）に隔てられているものの、距離は近いこと。

□多士済々
〔たしせいせい〕　優秀な人間がたくさんいること。「多士」は多くの人材、「済々」は多くて盛んな様子。×「たしさいさい」。

□杯盤狼藉
〔はいばんろうぜき〕　酒席のあと、杯や皿などの食器が散らかっている様子。そこから、乱れた酒宴の様子を表す。

●それなりに難しい四字熟語です。

□空中楼閣
〔くうちゅうろうかく〕　根拠のない絵空事。もとは、空中に築

□自業自得

□牽強付会

□自家撞着

□巧言令色

□荒唐無稽

□権謀術数

かれた高い建物、あるいは蜃気楼を表す言葉。

〈じごうじとく〉　悪い行いの報いを自分で受けること。「彼が破産したのは自業自得だ」など。

〈けんきょうふかい〉　自分の都合のいいように、理屈を強引にこじつけること。

〈じかどうちゃく〉　言動などが矛盾していること。「撞着」は突き当たるという意で、論理が行き詰まる様子を表す。

〈こうげんれいしょく〉　人に媚びへつらうだけで、誠意がないこと。「巧言」は口先だけの言葉、「令色」は取り繕った顔色。

〈こうとうむけい〉　とりとめがなく、根拠もない話。「荒唐」はおおげさな話、「稽」は考えること。

〈けんぼうじゅっすう〉　人を巧みにだます謀(はかりごと)。権謀は臨機応変の謀、術数は政治や戦争の場での謀を指す。

□祥月命日
〔しょうつきめいにち〕　故人が死去した月日と同じ月日のこと。「祥月命日の法要を行う」など。

□斎戒沐浴
〔さいかいもくよく〕　心と体の不浄を清めること。神仏に祈る前に、飲食や行動を慎み、心身を清めること。

□拈華微笑
〔ねんげみしょう〕　心から心に伝えること。「以心伝心」と同じような意。釈迦の故事から。

□遅疑逡巡
〔ちぎしゅんじゅん〕　物事を疑い、判断に迷って、ためらうこと。「遅疑逡巡していてはチャンスを失う」など。

□道聴塗説
〔どうちょうとせつ〕　いいかげんな噂話をすること。受け売りすることを孔子がたしなめたという故事から。

□揣摩憶測
〔しまおくそく〕　事情や他人の気持ちを推し量ること。「揣摩」も「臆測」も、推量することを表す。

□怨憎会苦
〔おんぞうえく〕　憎い相手とも会わなければならない苦しみ。

□比翼連理
□欣喜雀躍
□偕老同穴
□白砂青松
□羽化登仙
□一言一句

仏教でいう人間の八つの苦しみのひとつ。

〔ひよくれんり〕　男女の仲がむつまじいことのたとえ。唐の詩人、白居易の詩の一節から。

〔きんきじゃくやく〕　小躍りするほどに大喜びすること。雀の躍っているような様子にたとえた語。

〔かいろうどうけつ〕　夫婦が年をとるまで仲良く暮らすこと。『詩経』のなかの言葉から。

〔はくしゃせいしょう〕　浜辺などの美しい風景。白い砂浜と青々とした松という意味。

〔うかとうせん〕　よい気分になることのたとえ。もとは、羽が生えて仙人になり、天に昇ることを表す。

〔いちごんいっく〕　わずかな言葉。「一言一句聞き漏らさないように集中する」など。

●「できる大人」がおさえている四字熟語です。

□悪口雑言

〔あっこうぞうごん〕 思いつくかぎりの悪口のこと。「悪口雑言を浴びせかける」など。

□単刀直入

〔たんとうちょくにゅう〕 前置きをせずに、本題に入ること。一人きりで刀を持って、敵陣に斬り込む様子から。

□風林火山

〔ふうりんかざん〕 孫子の『兵法』にある言葉で、戦術のあり方を示している。武田信玄が軍旗に用いた言葉。

□秋霜烈日

〔しゅうそうれつじつ〕 非常に厳しいことのたとえ。秋の霜と夏の日差しは厳しいものであることから。

□曲学阿世

〔きょくがくあせい〕 名声や利益のため、世に阿(おもね)り、真理を曲げること。「曲学」は真理から外れた学問。

□人面獣心

〔じんめんじゅうしん〕 顔は人間でも、心は獣のようであるこ

□千篇一律

□胸突八丁

□知行合一

□盛者必衰

□疑心暗鬼

□周章狼狽

と。人情を欠いた人間を罵る言葉。

〔せんぺんいちりつ〕　どれもこれも同じようで面白みがないこと。多くの詩が同じような調子であることから。×「せんべん」。

〔むなつきはっちょう〕　物事を成し遂げるうえで、難関となるところ。山道の険しい急な坂から。

〔ちこうごういつ〕　知っている知識は実践しなければならないという意味。陽明学の真髄を表す言葉。

〔じょうしゃひっすい〕　栄えたものは必ず衰えること。『平家物語』の一節にも使われている言葉。「しょうじゃ」は誤読。

〔ぎしんあんき〕　一度、疑う気持ちが生まれると、何でもないことまで、疑わしく思えること。

〔しゅうしょうろうばい〕　うろたえ、あわてふためくこと。「周章」も「狼狽」も、うろたえることを表す。

□判官贔屓

□阿鼻叫喚

□馬耳東風

□竜頭蛇尾

□朝令暮改

□手練手管

〔ほうがんびいき〕 敗者に対して愛惜の気持ちを持つこと。源義経の官位が「判官」であったことから。

〔あびきょうかん〕 悲惨な状況で、酷たらしい様子。もとは、地獄のひとつである阿鼻地獄に落ちた者が、苦痛であげる叫び声のこと。

〔ばじとうふう〕 人の意見に耳を傾けず、聞き流すこと。馬は東風（春を告げる風）が吹いてもたいして喜びもしないことから。

〔りゅうとうだび〕 初めは勢いよく、終わりは振るわないという意。頭は竜のよう、尾は蛇のようという意味。

〔ちょうれいぼかい〕 法令や命令が次々に変わって定まらないこと。朝の命令が夕方には改められたという故事に由来。

〔てれんてくだ〕 人を思いどおりに操り、だます技巧。「手練手管にしてやられる」など。

●一流社会人の四字熟語です。

□悠々自適
〔ゆうゆうじてき〕　俗世を離れ、思いのままに暮らすこと。「自適」は自分の心のままに楽しむこと。

□門前雀羅
〔もんぜんじゃくら〕　門の前に雀捕りの網を張れるほど、寂れているさま。

□一切合切
〔いっさいがっさい〕　すべて。残らず。「一切合切を捨て去る」など。

□依怙贔屓
〔えこひいき〕　特定の人だけをかわいがること。

□輪廻転生
〔りんねてんしょう〕　生き死にが繰り返されること。「てんせい」と読まないように。

□朝三暮四
〔ちょうさんぼし〕　目先にとらわれ、結果は同じになることに気づかないことのたとえ。

□櫛風沐雨
〔しっぷうもくう〕　風雨にさらされるようにさまざまな苦労をすること。

□疲労困憊
〔ひろうこんぱい〕　疲れきった状態。「憊れる」で「つかれる」と読む。

□満身創痍
〔まんしんそうい〕　体中が傷だらけで、痛めつけられている様子。

□勇気凛々
〔ゆうきりんりん〕　態度がりりしい様子を表す。なお、「凛々」には「寒さが身にしみる」という意味も。

□九分九厘
〔くぶくりん〕　十分に一厘だけ足りないくらい、ほぼ確実であること。「きゅうぶきゅうりん」ではない。

□暗中模索
〔あんちゅうもさく〕　暗闇で探し物をするように、手がかりなく物事を試みること。

□温厚篤実
〔おんこうとくじつ〕　おだやかで思いやりがあり、誠実な人柄

□千思万考

□金科玉条

□優柔不断

□官尊民卑

□傲岸不遜

□美辞麗句

を形容する言葉。

〔せんしばんこう〕　あれやこれやと思いをめぐらすこと。

〔きんかぎょくじょう〕　重要な法律や規則。またよりどころとなる考え方のこと。

〔ゆうじゅうふだん〕　決断がなかなかできないこと。「優柔」ははっきりしないこと。

〔かんそんみんぴ〕　国家に関わる人や物事を尊び、民間の人や物事を軽視する考え方。

〔ごうがんふそん〕　思い上がっていて、他人を見下した態度をとること。

〔びじれいく〕　うわべだけ美しく飾りたてられた言葉や文句のこと。

7

「地名」「人名」「歴史用語」は読み間違いの宝庫

●最低限の常識として読みたい地名です。

□稚内

□弘前

□気仙沼

□鬼怒川

□行方

〔わっかない〕 北海道北端部にある市。宗谷海峡に面し、日本最北の岬である宗谷岬がある。漁業が盛ん。

〔ひろさき〕 青森県の市。ねぷた祭りで有名。なお正式には、青森は「ねぶた」、弘前は「ねぷた」という。

〔けせんぬま〕 宮城県三陸海岸の気仙沼湾に面する市。リアス海岸でも知られる遠洋漁業の基地。

〔きぬがわ〕 栃木県の鬼怒沼から、茨城県を通って利根川と合流する川。その名は、たびたび洪水を起こしたことに由来。

〔なめがた〕 茨城県の霞ヶ浦湖岸にある市。湖岸の一部は水郷筑波国定公園に指定されている。「なめかた」ではなく、「なめがた」。

□習志野
〔ならしの〕 千葉県にある市。江戸時代は幕府直轄地で、台地に幕府直轄の牧場が置かれていた。

□葛飾
〔かつしか〕 東京都北東部の区の名前。歴史のある地名で、奈良時代の戸籍帳にも記述のある地名。

□石和温泉
〔いさわおんせん〕 山梨県にある温泉地。ぶどう狩りも盛ん。

□御殿場
〔ごてんば〕 静岡県の富士山麓にある高原都市。富士登山の拠点のひとつ。自衛隊の演習場があることでも知られる。

□修善寺温泉
〔しゅぜんじおんせん〕 静岡県伊豆市の町。空海が掘り起こしたという温泉があることで有名。

□敦賀
〔つるが〕 福井県敦賀湾に面した市。城下町として栄える一方、良港に恵まれ、日本海交通の要衝だった。

□飛鳥
〔あすか〕 奈良県明日香村とその一帯の呼び名。高松塚古墳など多くの史跡がある。

□米子
□玉造温泉
□小豆島
□新居浜
□今治
□四万十川
□足摺岬

〔よなご〕 鳥取県の市。古くから城下町として商業が栄えた。野菜栽培や皆生温泉でも知られる。

〔たまつくりおんせん〕 島根県にある山陰の代表的温泉地。『出雲国風土記』にも登場する。めのう細工も有名。

〔しょうどしま〕 香川県の瀬戸内海に浮かぶ島のひとつ。瀬戸内海では、淡路島に次ぐ二番目の面積を誇る。

〔にいはま〕 瀬戸内海に面する愛媛県の市。銅鉱山の積み出し港として発展。明治以後は重化学工業都市に。

〔いまばり〕 愛媛県の市。江戸時代は城下町として栄え、明治以降は今治港を中心に発展してきた。

〔しまんとがわ〕 高知県を流れる清流。四国山地を水源とし、四万十市などを通って土佐湾に到達する。

〔あしずりみさき〕 高知県土佐湾にある四国最南端の岬。沖合

□都城

□長万部

□羅臼

□朝霞

□福生

□強羅

は、古くよりカツオなどの好漁場として知られる。

〔みやこのじょう〕 宮崎県の都城盆地にある県内の主要都市。島津藩下の町としても栄えた。

〔おしゃまんべ〕 北海道の町。アイヌ語で「ヒラメのいる所」を意味する「オシャマンペ」に由来。

〔らうす〕 知床半島の東側にある漁業の町。アイヌ語で「低いところ」を意味する「ラウシ」が変化した名。

〔あさか〕 埼玉県の市。古くは川越街道の宿場として栄え、戦後はベッドタウンとして発展した。

〔ふっさ〕 東京都西部、多摩川沿いの市。アメリカ軍横田基地があり、基地の町として発展した。

〔ごうら〕 神奈川県の箱根にある温泉。箱根登山鉄道の終点駅があり、箱根観光の拠点のひとつ。

□小千谷
□尾鷲
□信楽
□橿原
□斑鳩
□烏丸通り
□先斗町

〔おぢや〕 新潟県の市。高田藩の銀山の開発により、三国、銀山両街道の宿場町として栄えた。

〔おわせ〕 三重県の市。古くは九鬼水軍の本拠地。遠洋漁業のほか、林業も発達し、尾鷲檜の産地として有名。

〔しがらき〕 滋賀県にある信楽焼で知られる町。聖武天皇の時代には、紫香楽宮（しがらきのみや）が造営された。

〔かしはら〕 奈良盆地にある市。名所・旧跡が多いことで有名。

〔いかるが〕 奈良県生駒郡の地名。聖徳太子が宮を造営した地として知られ、多くの寺社や古墳群がある。

〔からすまどおり〕 京都市街を南北に通る街路。南は京都駅から、北は北大路通まで。「からすまる」ではない。

〔ぽんとちょう〕 京都の花街。ポルトガル語で「先端」を意味する「プンタ」がなまったとされる。

□十三

□箕面

□城崎

□諫早

□西表島

□足寄

〔じゅうそう〕　大阪市淀川区の繁華街。第二次世界大戦後の復興期から盛り場として発展。

〔みのお〕　大阪府有数のベッドタウン。明治の森箕面国定公園で有名。

〔きのさき〕　兵庫県豊岡市にある温泉の街。今は豊岡市の一部。『城の崎にて』を書いた志賀直哉をはじめ、多くの文人が訪れた。

〔いさはや〕　長崎県の市。古くは諫早氏の城下町として栄えた交通の要衝。

〔いりおもてじま〕　沖縄県八重山諸島にある島。大部分は山地で、マングローブなど亜熱帯原生林に覆われている。

〔あしょろ〕　北海道十勝にある町。アイヌ語で「沿って下る川」の意味の「アショロペツ」に由来。

●気にはなっても読めない地名です。

□八幡平
〔はちまんたい〕 秋田県と岩手県境にある火山。ブナ林や樹海が広がる景観で知られる。

□安達太良山
〔あだたらやま〕 福島県にある山で、別名乳首山。『智恵子抄』(高村光太郎)には「阿多多羅山」と詠われている。

□奥入瀬川
〔おいらせがわ〕 青森県東部を流れる川。十和田湖から太平洋にそそぎ、奥入瀬渓谷は滝や奇岩が多い景勝地。

□四万温泉
〔しまおんせん〕 群馬県四万川沿いの温泉地。伊香保、草津とともに「上毛の三名湯」といわれる。

□潮来
〔いたこ〕 茨城県利根川の三角州にある市。古くから霞ヶ浦など水運の中心地として発展。

□碓氷峠
〔うすいとうげ〕 群馬県と長野県の境界にある峠。かつては中

□嬬恋

□狸穴

□都留

□郡上八幡

□愛鷹山

□珠洲

□揖斐川

山道一険しい峠として知られた。

〔つまごい〕 群馬県吾妻郡にある村。名の由来は、日本武尊が妻をしのんだという故事による。

〔まみあな〕 東京都港区にある地名。かつては狸が出るような寂しい場所だったことから、こう名付けられた。

〔つる〕 山梨県にある市。中世から城下町として栄える。都留文科大学があることで知られる。

〔ぐじょうはちまん〕 岐阜県郡上市の旧城下町の別名。「郡上おどり」で有名。

〔あしたかやま〕 富士山の南麓にある火山。

〔すず〕 石川県の能登半島にある市。横穴群集古墳があり、古代から製塩が行われていたとみられる。

〔いびがわ〕 福井県と岐阜県の境から流れる木曽三川のひとつ。

□糸魚川

□万里小路

□韓国岳

□指宿

□積丹岬

□留萌

□寒河江

下流で長良川と合流して伊勢湾に流れ込む。

〈いといがわ〉　新潟県南西部にある市。ヒスイの産地としても知られる。

〈までのこうじ〉　京都市を南北にはしる柳馬場通りの古い名称。

〈からくにだけ〉　宮崎・鹿児島県境の霧島連峰の最高峰。一説に「韓の国まで見渡せた」ことに由来する名。

〈いぶすき〉　鹿児島県薩摩半島にある市で温泉地。砂蒸し風呂で知られるほか、温泉熱を利用した園芸が盛ん。

〈しゃこたんみさき〉　北海道積丹半島にある岬。

〈るもい〉　北海道にある市。アイヌ語で「汐が奥深く入る川」を意味する「ルルモッペ」に由来。

〈さがえ〉　山形県の市。寒河江温泉があることで知られ、サクランボの名産地。

□武尊山
□石廊崎
□寸又峡温泉
□各務原
□英虞湾
□膳所
□立売堀

〔ほたかやま〕 群馬県にある火山。別名「ほたかさん」。山頂部には馬蹄形の火口がある。
〔いろうざき〕 静岡県伊豆半島にある岬。国指定名勝「伊豆西南海岸」があることで知られる。
〔すまたきょうおんせん〕 静岡県にある峡谷。古くから電源開発が盛んで、多くのダムや発電所がある。
〔かかみがはら〕 岐阜県の木曾川北岸にある市。農村歌舞伎舞台「各務の舞台」は、国の重要有形民俗文化財。×「かがみがはら」。
〔あごわん〕 三重県の志摩半島最大の湾。リアス海岸として知られるほか、国内真珠養殖の中心地。
〔ぜぜ〕 滋賀県大津市の地名。琵琶湖の湖畔にあり、近江八景のひとつ「粟津の晴嵐」が有名。
〔いたちぼり〕 大阪市西区にある運河の跡地。かつては江戸深川、熱田白鳥とともに三大木場（きば）と称された。

□放出

□皆生温泉

□栗林公園

□大歩危・小歩危

□遠賀川

□耶馬渓

□球磨川

(はなてん) 大阪市鶴見区にある寝屋川と長瀬川が合流する地。水の放出口があったことが名前の由来。

(かいけおんせん) 鳥取県米子市にある温泉地。旧名は「海池」。江戸時代初期、松江藩堀尾氏の家臣たちが開拓。

(りつりんこうえん) 高松市栗林町にある県立公園の名称。日本を代表する回遊式大名庭園。

(おおぼけ・こぼけ) 徳島県にある崖が切り立つ峡谷。大股で歩いても小股で歩いても危険なことからついた名前。

(おんがが わ) 福岡県を流れる川。明治期以降、流域の炭鉱業、農業の物資輸送に大きな役割を果たした。

(やばけい) 大分県にある渓谷。その景観を江戸時代の文人・頼山陽は「耶馬渓山無天下」とたたえた。

(くまがわ) 熊本県南部を流れる川。富士川・最上川とともに、日本三急流のひとつ。

□南風原

〔はえばる〕 沖縄本島にある町。特産はサトウキビ。

●ちょっと読みにくい歴史上の人物です。

□以仁王

〔もちひとおう〕 平安後期の後白河天皇の子。源頼政と謀って、平家打倒の令旨(りょうじ)を発するが、発覚し、挙兵するも、討ち死にした。

□護良親王

〔もりよししんのう〕 後醍醐天皇の第一皇子。足利尊氏と対立して幽閉され、中先代の乱の際、殺された。「もりなが」とも読む。

□高師直

〔こうのもろなお〕 南北朝時代の武将。足利尊氏の側近。その後、尊氏の弟直義(ただよし)と対立。上杉能憲によって殺された。

□榎本武揚

〔えのもとたけあき〕 幕末・明治の政治家。オランダ留学後、海軍奉行に。戊辰戦争では政府軍と交戦し降伏。特赦を受ける。

□乃木希典

〔のぎまれすけ〕 明治時代の軍人。日露戦争では第三軍司令官として旅順攻撃の指揮を執る。その後明治天皇の崩御にあたり

□**山本五十六**

□**吉備真備**

□**片桐且元**

□**柳生宗矩**

□**支倉常長**

殉死。

〔やまもといそろく〕 連合艦隊司令長官。太平洋戦争で真珠湾攻撃、ミッドウェー海戦などを主導・指揮するが、ソロモン諸島上空で戦死した。

〔きびのまきび〕 奈良時代に活躍した吉備の豪族出身の政治家・学者。後に右大臣となる。唐に留学。帰国後、律令制定などに尽力した。

〔かたぎりかつもと〕 安土桃山時代から江戸初期の武将。秀吉死後は秀頼の後見人になったが、大坂の陣では家康側についた。

〔やぎゅうむねのり〕 江戸前期の剣術家、大名。二代将軍秀忠、三代将軍家光の兵法師範を務める。以後、柳生家が師範役を世襲した。

〔はせくらつねなが〕 江戸初期の武士。伊達政宗の命により、ヨーロッパに渡り、ローマで教皇に謁見。帰国後、失意のうち

□由井正雪

□吉良義央

□徳川家宣

□荻生徂徠

□浅野長矩

に死んだ。

〈ゆいしょうせつ〉 江戸前期の軍学者。丸橋忠弥や金井半兵衛たちとともに幕府転覆をはかるが発覚し、自害した。

〈きらよしなか〉 江戸中期の幕府の高家。通称は上野介。江戸城内で浅野長矩に斬りつけられ負傷。翌年、赤穂浪士に討ちとられる。

〈とくがわいえのぶ〉 江戸幕府第六代将軍。先代綱吉が重用した柳沢吉保を退け、新井白石を抜擢。「正徳(しょうとく)の治」と呼ばれる政治の刷新をはかる。

〈おぎゅうそらい〉 江戸中期の儒学者。朱子学を学んだ後、茅場町に塾を開き、多くの逸材を育てた。

〈あさのながのり〉 播磨赤穂藩の浅野家三代目当主。江戸城内で吉良義央に斬りつけ、切腹。翌年の赤穂浪士による吉良邸討ち入りは「忠臣蔵」として有名。

□大石主税

□天一坊

□島津斉彬

□岩倉具視

□木戸孝允

〔おおいしちから〕　赤穂四十七士のうちの一人。大石内蔵助の長男。浪士の中の最年少だったが、討ち入りの際には裏門隊の大将をつとめた。享年十六。

〔てんいちぼう〕　江戸中期、徳川吉宗の落胤（らくいん）といつわり、浪人を集めて金品を騙し取ったため、処刑された。

〔しまづなりあきら〕　幕末の薩摩藩主。開国と殖産興業を提唱。幕府に対しても発言力をもつが、一橋慶喜の擁立運動を進める中、突然亡くなる。

〔いわくらともみ〕　幕末の公家。王政復古の実現を目指し、薩摩の西郷、大久保とともに倒幕を目指す。明治維新後は右大臣に就任。

〔きどたかよし〕　幕末の長州藩士。、西郷隆盛と薩長同盟を結ぶ。維新後は「五箇条の御誓文」の起草に参画、版籍奉還、廃藩置県を進めた。

□松平容保
〔まつだいらかたもり〕 幕末の会津藩主。京都守護職に就き、一時は尊攘派の長州藩を追い落とすが、その後、会津戦争では討幕軍と戦い、降伏。

□徳川家茂
〔とくがわいえもち〕 江戸幕府第一四代将軍。皇女和宮（かずのみや）と結婚して公武合体のシンボルとなるが、第二次長州征伐の際、大坂城で病死。

□鑑真
〔がんじん〕 奈良時代の唐からの渡来僧。日本の律宗の祖。五度の渡航失敗、失明を乗り越え、ついに渡来して唐招提寺を創建した。

●スラスラ読みこなしたい歴史上の人物です。

□稗田阿礼
〔ひえだのあれ〕 『古事記』の序文によれば、天武天皇の命で、『帝紀（ていき）』と『旧辞（きゅうじ）』を暗記。太安万侶がこれを筆録して『古事記』が編まれた。

□太安万侶

□額田王

□役小角

□橘逸勢

□塚原卜伝

□正親町天皇

〔おおのやすまろ〕　奈良時代の文官。元明天皇の命により、稗田阿礼が記憶していた『帝紀』『旧辞』を筆録、三巻からなる古事記を完成させる。

〔ぬかたのおおきみ〕　飛鳥時代の女性歌人。後に天武天皇となる大海人皇子（おおあまのおうじ）に寵愛されて皇女を産む。

〔えんのおづぬ〕　飛鳥時代に活躍した呪術者。真言密教の呪法と、神仙術を行う人物とされ、のちの修験道の開祖といわれる。

〔たちばなのはやなり〕　平安初期の能書家。空海・嵯峨天皇とともに三筆と並び称される。

〔つかはらぼくでん〕　室町後期の剣客。卜伝流の祖。常陸に生まれ、上泉伊勢守に新陰流を学ぶ。その後、諸国を回り、普及に努める。

〔おおぎまちてんのう〕　第一〇六代天皇。織田信長らの援助を受けて、皇居の修理や伊勢神宮の造営など、皇室の諸儀式のた

□陶晴賢

□織田有楽斎

□安国寺恵瓊

□塙保己一

□前島密

めの整備を進めた。

〔すえはるかた〕 室町後期の武将。大内義隆の重臣だったが、義隆を討つ。しかし、毛利元就との厳島（いつくしま）の戦いに破れ、自害した。

〔おだうらくさい〕 江戸前期の大名、茶人。織田信長の弟。千利休に茶を学び、有楽流を開く。東京の有楽町は彼の屋敷跡。

〔あんこくじえけい〕 安土桃山時代の僧・大名。関ヶ原の戦いでは西軍に属して敗北。京都六条河原で斬首される。

〔はなわほきいち〕 江戸後期の国学者。七歳で失明、その後、和漢学を究め、幕府の保護下に和学講談所を開設。

〔まえじまひそか〕 明治期の官僚。イギリス留学後、官営の郵便事業をスタートさせる。「郵便」「切手」などの言葉を作ったのもこの人。

□久坂玄瑞

〔くさかげんずい〕 幕末の長州藩士。吉田松陰の門下生。急進的な尊王攘夷運動を進めたが、禁門の変で負傷し、自害。

□森有礼

〔もりありのり〕 明治の政治家。薩摩藩留学生として海外で学び、帰国後、明六社(めいろくしゃ)を創立。初代の文相。国粋主義者に刺され死去。

□紀貫之

〔きのつらゆき〕 平安前期の歌人で三十六歌仙の一人。土佐守などを務めた。『古今集』の撰者でもある。著書に『土佐日記』など。

□在原業平

〔ありわらのなりひら〕 平安前期の歌人。美男で歌才に恵まれ、情熱的な和歌を残した。『伊勢物語』の主人公のモデルとされる。

□菅原孝標女

〔すがわらのたかすえのむすめ〕 平安中期の女流文学者。代表作に、『更級(さらしな)日記』。また、『浜松中納言物語』『夜の寝覚』の作者ともいわれる。

□和泉式部

〔いずみしきぶ〕 平安中期の女流歌人。和泉守橘道貞と結婚、

□鴨長明

別居後、多くの恋愛遍歴から、恋を詠んだ歌が多い。

〔かものちょうめい〕 鎌倉時代の歌人。京都下鴨神社の社司に推挙されたが、実現せず出家。方丈の庵を結び隠遁した。著書に『方丈記』。

□世阿弥

〔ぜあみ〕 南北朝〜室町時代の能役者・能作者。観阿弥（かんあみ）の長男。能楽を大成させる。能楽論『風姿花伝』などの名著を著した。

●首相の名前をキチンと読めますか？

□浜口雄幸

〔はまぐちおさち〕 第二七代首相。「ライオン首相」の異名で知られた。外交面では協調策を取り、国内では積極財政策を断行。東京駅で狙撃され、その傷がもとで死亡。

□犬養毅

〔いぬかいつよし〕 第二九代首相。藩閥打倒を主張し、立憲国民党を結成。五・一五事件で軍人によって射殺された。

□広田弘毅〔ひろたこうき〕　第三二代首相。就任後、軍備拡張に拍車をかける結果となり、戦後A級戦犯に問われる。文官としては唯一人処刑された。

□平沼騏一郎〔ひらぬまきいちろう〕　第三五代首相。国家主義団体「国本社」を主宰し、右翼思想に影響を与えた。大戦後、A級戦犯として捕らえられ、終身禁錮を宣告された。

□米内光政〔よないみつまさ〕　第三七代首相。日独伊三国同盟を望む陸軍と意見が対立して総辞職した。

□鈴木貫太郎〔すずきかんたろう〕　第四二代首相。太平洋戦争末期に首相に就任。軍部や政府部内の意見が紛糾する中、終戦工作に力を注いだ。

□東久邇稔彦〔ひがしくになるひこ〕　第四三代首相。戦後初の内閣を組織し、終戦処理にあたる。わずか二カ月で総辞職。

□幣原喜重郎〔しではらきじゅうろう〕　第四四代首相。加藤・若槻・浜口内

□芦田均

□石橋湛山

□池田勇人

□山県有朋

□西園寺公望

閣のもとで外相として活躍。終戦後首相に返り咲くが、半年余りで辞職した。

〔あしだひとし〕　第四七代首相。日本民主党総裁として連立内閣を組むが、昭和電工疑獄事件で政界を退く。

〔いしばしたんざん〕　第五五代首相。ジャーナリスト出身。蔵相などで戦後の再建を推進。しかし、自らの内閣組閣後、病に倒れ、総辞職した。

〔いけだはやと〕　第五八代首相。大蔵官僚を経て政界に進出。「国民所得倍増計画」を掲げ、高度経済成長政策を推進した。

〔やまがたありとも〕　第三代・第九代首相。徴兵制や軍制を確立させる一方、自由主義・社会主義運動を弾圧。

〔さいおんじきんもち〕　第一二代・第一四代首相。公家出身。昭和の戦前期まで長生きして、「最後の元老」といわれた。

□**山本権兵衛**〈**やまもとごんべえ**〉　第一六代・第二二代首相。薩摩出身。海相として日露戦争前後の軍政面を担当。シーメンス事件・虎ノ門事件で辞職。

□**寺内正毅**〈**てらうちまさたけ**〉　第一八代首相。陸軍出身。韓国併合を断行して初代朝鮮総督に就任する。シベリア出兵に遠因する米騒動で辞職。

□**原敬**〈**はらたかし**〉　第一九代首相。「平民宰相」として名高い。教育制度の改善、交通機関の整備などを行ったが、東京駅頭で刺殺される。

□**高橋是清**〈**たかはしこれきよ**〉　第二〇代首相。昭和の金融恐慌では、蔵相として金輸出再禁止などで、日本経済を回復させるが、二・二六事件で暗殺される。

●**忘れてはいけない日本文化の重要人物です。**

□山部赤人

□大伴家持

□菱川師宣

□尾形乾山

□英一蝶

□池大雅

〔やまべのあかひと〕 奈良前期の歌人。『万葉集』に五〇首もの長歌・短歌を残す。柿本人麻呂と並び、歌聖と仰がれている。

〔おおとものやかもち〕 奈良時代の歌人。大伴旅人(たびと)の長男。『万葉集』の編者。

〔ひしかわもろのぶ〕 江戸前期の浮世絵師。独特の美人画様式を確立し、浮世絵版画の祖といわれる。代表作に「見返り美人図」がある。

〔おがたけんざん〕 江戸中期の陶工・画家。尾形光琳(こうりん)の弟。京都で乾山焼きを開窯。晩年は江戸や下野に窯を築いた。

〔はなぶさいっちょう〕 江戸前・中期に活躍した画家。当初は狩野派を学んだが、破門された後、風俗画に転じて軽妙洒脱な画風を確立。

〔いけのたいが〕 江戸中期の画家。日本の文人画の祖。日本各地を旅しては、詩情あふれるすぐれた作品を描いた。

□円山応挙

〔まるやまおうきょ〕　江戸中期の画家。円山派の祖。西洋画の透視図法や中国の写生画について研究を重ね、新しい日本画を確立した。

□酒井抱一

〔さかいほういつ〕　江戸後期の俳人画家。姫路城主酒井忠以の弟。三十七歳で出家後、尾形光琳に私淑、琳派の継承者に。

□小林一茶

〔こばやしいっさ〕　江戸後期の俳人。十四歳の頃、長野から江戸に出て俳諧を学ぶ。その後諸国を行脚しながら、創作活動を行う。代表作『おらが春』。

□十返舎一九

〔じっぺんしゃいっく〕　江戸後期の戯作者。江戸の版元蔦谷重三郎に居候し、浮世絵制作を手伝う。その才能は『東海道中膝栗毛』などで開花した。

□西周

〔にしあまね〕　幕末から明治の思想家。明六社の結成に参加し、西洋思想の普及に努めた。「哲学」という言葉を作った人でもある。

□新渡戸稲造
□二葉亭四迷
□幸田露伴
□田山花袋
□河東碧梧桐
□南方熊楠

〔にとべいなぞう〕 教育者。札幌農学校を卒業後、キリスト教に入信。欧米に留学後、東大教授、国際連盟事務局次長を歴任。代表作に『武士道』。

〔ふたばていしめい〕 小説家・翻訳家。言文一致体の小説『浮雲』を発表。朝日新聞の特派員としてロシアへ赴任するが、帰国の船中で死去。

〔こうだろはん〕 小説家。『五重塔』『風流伝』により、尾崎紅葉と並び称される作家になった。第一回の文化勲章受章者。

〔たやまかたい〕 小説家。代表作『蒲団』は、中年作家が、去っていった女の蒲団に顔をうずめ、匂いを嗅いで泣くという内容。私小説の祖とも。

〔かわひがしへきごとう〕 俳人。高浜虚子とともに正岡子規に師事。その後、季題と定型にとらわれない自由律俳句にすすむ。

〔みなかたくまぐす〕 博物学者・民俗学者。英国大英博物館で

□新村出

□有島武郎

□武者小路実篤

□内田百閒

□折口信夫

嘱託職員となり、「Nature」誌にも寄稿。帰国後は粘菌の採集や民俗学の研究に没頭した。

〔しんむらいずる〕 言語・国語学者。『広辞苑』の編者。京大教授。キリシタン文献の考証でも知られる。

〔ありしまたけお〕 小説家。『カインの末裔』『生れ出づる悩み』など。軽井沢で波多野秋子と心中する。

〔むしゃのこうじさねあつ〕 小説家・劇作家。理想主義の実践場として宮崎県に「新しき村」を開いた。代表作に『友情』『真理先生』など。

〔うちだひゃっけん〕 小説家・随筆家。夏目漱石に師事し、独特のユーモアと、風刺にあふれた作風で知られる。著作に『阿房列車』『ノラや』など。

〔おりくちしのぶ〕 国文学者・歌人。柳田国男を師とし、国文学を民俗学の観点から研究。歌人としても独自の境地を拓いた。

□直木三十五

□水原秋桜子

□棟方志功

□本阿弥光悦

□田能村竹田

歌人名は釈迢空（しゃくちょうくう）。

〈なおきさんじゅうご〉 小説家。時代小説『南国太平記』で人気作家となる。死去した翌年、直木賞が設けられた。

〈みずはらしゅうおうし〉 俳人。高浜虚子に師事。その後、俳句雑誌「馬酔木（あしび）」を主宰し、虚子の写生観を批判。新興俳句運動を起こした。

〈むなかたしこう〉 青森出身の版画家。『柳緑花紅頌』などが国際版画大賞を受賞。代表作に『二菩薩釈迦十大弟子』など。

〈ほんあみこうえつ〉 安土桃山から江戸初期にかけて活躍した芸術家。寛永の三筆の一人として書にすぐれ、光悦蒔絵（まきえ）の創始者。

〈たのむらちくでん〉 江戸後期の文人画家。藩の政策が嫌で官職をやめて、頼山陽らと親交をもつ。代表作に「亦復一楽帖（またまたいちらくじょう）」など。

●よく出てくるのに間違える歴史用語です。

□**古今和歌集**
〔こきんわかしゅう〕 最初の勅撰和歌集。撰者は、紀貫之、紀友則ら。『万葉集』のおおらかな歌風に比べ、優美・繊細な歌が多い。

□**勧進帳**
〔かんじんちょう〕 歌舞伎十八番のひとつ。能の「安宅（あたか）」を歌舞伎化。山伏姿に身をやつした源義経主従をめぐる物語。

□**宇治拾遺物語**
〔うじしゅういものがたり〕 鎌倉初期に書かれた仏教的色彩が強い説話集。編者は不明。日常的な説話から珍奇な話まで内容は幅広い。

□**椿説弓張月**
〔ちんせつゆみはりづき〕 曲亭馬琴作、葛飾北斎画。源為朝の一代記で、勧善懲悪の精神に貫かれた波瀾万丈の伝奇物語。

□**日本永代蔵**
〔にっぽんえいたいぐら〕 井原西鶴が書いた浮世草子。一人の町民が、知恵と才覚によって長者となるまでを描く。

□心中天網島
□菅原伝授手習鑑
□往生要集
□十六夜日記
□仮名手本忠臣蔵
□八咫鏡

〔しんじゅうてんのあみじま〕　近松門左衛門の世話物の最高傑作。遊女小春と紙屋治兵衛の情死事件を脚色したもの。
〔すがわらでんじゅてならいかがみ〕　浄瑠璃時代物の三大傑作のひとつ。歌舞伎でも上演。菅原道真の悲劇に、三つ子の兄弟誕生の話をからめたもの。
〔おうじょうようしゅう〕　源信が著した仏教書。多数の仏教経典から、極楽浄土と地獄に関する記述を抜粋。浄土教の展開に影響を与えた。
〔いざよいにっき〕　阿仏尼（あぶつに）が著した鎌倉中期の紀行文。京都から鎌倉へ下る道中日記と、鎌倉滞在中の記録。出発が十月十六日だったのでこのタイトルに。
〔かなでほんちゅうしんぐら〕　元禄の世、実際に起きた赤穂浪士の仇討ち事件を描いた。人形浄瑠璃・歌舞伎の代表的名作。
〔やたのかがみ〕　三種の神器のひとつ。現在、伊勢神宮に御霊（みたま）

□**磐井の乱**

□**校倉**

□**太政大臣**

□**文章博士**

□**切捨御免**

代(しろ)として奉納されている。

〔いわいのらん〕 527年、筑紫国造の磐井が起こした反乱。『日本書紀』によると、磐井は新羅と組み、任那(みまな)に向かう朝廷軍を妨害するが、制圧されたという。

〔あぜくら〕 木材を井桁に組み、外壁にした倉のこと。東大寺の正倉院や唐招提寺の宝蔵など、校倉風の建築構造を「校倉造り」という。

〔だいじょうだいじん〕 律令制で、太政官の最高の官職。平安時代には、藤原氏一族が長くその地位を独占した。「だじょうだいじん」とも。

〔もんじょうはかせ〕 奈良時代に設置された官職のひとつ。大学寮に属して、詩文と歴史を教授した教官のこと。

〔きりすてごめん〕 江戸時代、武士は、農民や町人が非礼をした場合、切り捨ててもよいとされた。現実には有名無実化して

□**犬公方**

□**側用人**

□**公事方御定書**

□**直参**

□**土師器**

いた。

〔いぬくぼう〕 徳川五代将軍、徳川綱吉の通称。生類憐れみの令を出し、極端に犬を愛護したことからこう呼ばれる。

〔そばようにん〕 江戸時代、幕府や諸藩に置かれた職名のひとつ。幕府では、老中の上申などを将軍に伝え、可否を伺う役職。

〔くじかたおさだめがき〕 二巻からなる江戸幕府の法典。八代将軍徳川吉宗の命によって編纂がスタート、寛保二年（1742）に完成。

〔じきさん〕 江戸時代には、幕府に直属した武士（大名を除く）の総称。徳川家の家臣には、将軍にお目見えできる旗本と、できない御家人とがあった。

〔はじき〕 赤褐色か黄褐色をした文様のない素焼きの土器。古墳時代から平安時代に、煮炊き用・食器として用いられた。

□須恵器

□旋頭歌

□検非違使

□御教書

□常滑焼

□撰銭

〔すえき〕　日本古代の灰色の硬質土器。轆轤を利用して作られ、穴窯によって高温で焼かれた。平安時代まで用いられた。

〔せどうか〕　和歌の形式の一種。五・七・七・五・七・七の六句を定型とする上下の三句の文字数が同じで「頭を旋らす」という意味から。

〔けびいし〕　平安初期に設置された官職。警察業務を受け持つ。後に訴訟・裁判も扱い、強大な権力を持ったが、武士の台頭で衰えた。

〔みぎょうしょ〕　平安時代以後、三位以上の公卿や将軍の命令が書かれた文書のこと。

〔とこなめやき〕　愛知県常滑市とその付近で焼かれている陶磁器の名称。平安後期から作られ始め、現在ではおもに日用品・工業用品などが作られている。

〔えりぜに〕　貨幣を与えられる者が、よい銭を選んで取ること。

□遠国奉行

□郡奉行

□紫衣事件

□徒目付

□宗門改

室町時代、私鋳銭が横行したため行われたが、幕府は悪銭以外の撰銭を禁止。

〔おんごくぶぎょう〕　江戸時代、幕府直轄の要地に配備されていた奉行の総称。京都・大坂・駿府・長崎などに置かれた。

〔こおりぶぎょう〕　江戸時代、町方を取り締まる町奉行に対し、農村部を治めた奉行の呼び名。農政・民政・訴訟などを扱った。

〔しえじけん〕　寛永四年（１６２７）、後水尾天皇が大徳寺・妙心寺の僧に与えた紫衣着用の勅許が、幕府によって無効とされたことを発端にした事件。

〔かちめつけ〕　江戸幕府の職名のひとつ。目付の配下で、幕府諸役人の執務状況の内偵・報告などを行っていた。

〔しゅうもんあらため〕　キリシタン信仰を禁止するため、江戸幕府が設けた制度。個人や家ごとに仏教信者であることを檀家寺に証明させた。

□上知令

□万朝報

□庚午年籍

□口分田

□恭仁京

□承平・天慶の乱

〔あげちれい〕 天保の改革のさい、老中水野忠邦が発布した法令。江戸・大阪十里四方を幕府直轄領にしようとしたが、猛烈な反対を受けて中止。

〔よろずちょうほう〕 明治二五年（1892）、創刊の日刊新聞。内村鑑三・幸徳秋水らが加わって反戦記事を掲載した時期もある。

〔こうごねんじゃく〕 六七〇年に作成された、日本初の全国的な戸籍。

〔くぶんでん〕 古代、班田収授法によって支給された田のこと。

〔くにきょう、くにのみやこ〕 聖武天皇が、いまの京都府木津川市に造営した都。

〔じょうへい・てんぎょうのらん〕 平将門の乱、藤原純友の乱をその年号で総称したもの。×「しょうへい」。

□鹿ヶ谷の陰謀

□治承・寿永の乱

□倶利伽羅峠の合戦

□管領

□設楽原の合戦

□蕃書調所

□伴天連追放令

〈ししがたにのいんぼう〉　一一七九年、僧・俊寛らが京都・鹿ヶ谷で平氏打倒を謀議した事件。

〈じしょう・じゅえいのらん〉　源平合戦のこと。この年号の時期に戦われたことから、この名に。

〈くりからとうげのかっせん〉　一一八三年、木曽義仲がこの峠で、平家を破った合戦。

〈かんれい〉　室町幕府の将軍を補佐する幕府最高の職名。

〈したらがはらのかっせん〉　織田信長が武田勝頼を破った長篠の合戦の別名。

〈ばんしょしらべしょ〉　江戸末期に設けられた外国の諸事情を調査したり、洋書などを翻訳する機関。東京大学の部分的前身。

〈ばてれんついほうれい〉　豊臣秀吉が発したキリシタン禁止令。「伴天連」はポルトガル語の「Padre」に当て字したもの。

□元和偃武

〔げんなえんぶ〕　元和元年（1615）、大坂城落城によって世の中が平和になったこと。「偃武」は武器を伏せて用いないという意。

□黄檗宗

〔おうばくしゅう〕　臨済宗の一派。江戸時代、隠元が渡来し、黄檗山万福寺を建立し、広めた宗派。

□菱垣廻船

〔ひがきかいせん〕　江戸時代、江戸・大坂間に就航していた輸送船。菱組の装飾をつけたことから、この名に。

□六義園

〔りくぎえん〕　元禄時代、徳川綱吉に仕えた柳沢吉保がつくった屋敷。

□廃仏毀釈

〔はいぶつきしゃく〕　明治維新期に起きた仏教への排撃運動。この「釈」は釈迦のこと。

□田原坂の戦い

〔たばるざかのたたかい〕　西南戦争中、最大の激戦。政府軍が西郷軍を破る。

8

漢字の「間違いさがし」にチャレンジ

「似た漢字の間違い探し」にトライしてください。各ページ20個ずつの熟語が並んでいますが、それぞれ一文字ないし二文字ずつ間違っています。そこで、間違った漢字を見つけ、なるべく速く○をつけてください。ページをめくると、それに対応した箇所に正解があります（これまでの章で取り上げた漢字も一部含まれています）。

犠性	資原	狐独	我漫	引卒
三国史	観迎	応待	穏密	遇然
重復	用人棒	裁判	栄古盛衰	亡名
急救車	不仕末	逆点	検約	相言葉

犠牲	資源	孤独	我慢	引率
三国志	歓迎	応対	隠密	偶然
重複	用心棒	裁判	栄枯盛衰	亡命
救急車	不始末	逆転	倹約	合言葉

完璧	安身立命	圧観	毒説	裁培
不動票	粉争	体績	太西洋	几張面
訪門	奥儀	規測	逮補	委縮
器管	仏檀	発堀	買売	業積

完璧	安心立命	圧巻	毒舌	栽培
浮動票	紛争	体積	大西洋	几帳面
訪問	奥義	規則	逮捕	萎縮
器官	仏壇	発掘	売買	業績

危倶	源価	弱少	排徐	隠幣
伴明	合槌	派遺	復雑	慨要
概当	漫心	組識	幣害	貨弊
模放	決剤	下受け	不可決	最少限

危惧	原価	弱小	排除	隠蔽
判明	相槌	派遣	複雑	概要
該当	慢心	組織	弊害	貨幣
模倣	決済	下請け	不可欠	最小限

個有	黙否権	徹去	換問	隠健
健築	攻争	匹適	渋帯	候捕者
対行車	互格	最底	致命症	押集
公撲	逐時	暦訪	苦脳	転復

固有	黙秘権	撤去	喚問	穏健
建築	抗争	匹敵	渋滞	候補者
対向車	互角	最低	致命傷	押収
公僕	逐次	歴訪	苦悩	転覆

親不幸	温好	家蓄	激薬	安隠
一沫	喝望	自我自賛	大者	環暦
名儀	泥試合	一週年	一勢	火の子
天心爛漫	最高調	短少	含畜	祝義

安穏	劇薬	家畜	温厚	親不孝
還暦	大物	自画自賛	渇望	一抹
火の粉	一斉	一周年	泥仕合	名義
祝儀	含蓄	短小	最高潮	天真爛漫

明郎	打ち手の小槌	有為天変	悪体をつく	帝制
御頭付き	感概	浪狽	漸時	納家
単的	汗線	思影	異和感	先入感
暮情	騰本	偽似	壮重	人出不足

帝政	悪態をつく	有為転変	打ち出の小槌	明朗
納屋	漸次	狼狽	感慨	尾頭付き
先入観	違和感	面影	汗腺	端的
人手不足	荘重	疑似	謄本	慕情

脱糸綿	沈静剤	献心的	貯水地	配遇者
桃原郷	伝導師	大建者	受話機	陰武者
長口舌	塔乗員	加合物	頭骸骨	立士伝
満艦色	週間誌	歳事記	下熱剤	幾可学

配偶者	貯水池	献身的	鎮静剤	脱脂綿
影武者	受話器	大立者	伝道師	桃源郷
立志伝	頭蓋骨	化合物	搭乗員	長広舌
幾何学	解熱剤	歳時記	週刊誌	満艦飾

狂気乱舞	意味慎重	意気統合	半心半疑	決戦投票
交換神経	一鳥一夕	以心電心	旧訳聖書	異句同音
一騎当選	古事成句	公平無視	脅迫観念	大同小違
意気陽々	歓善懲悪	短刀直入	原泉徴収	特級電車

狂喜乱舞	意味深長	意気投合	半信半疑	決選投票
交感神経	一朝一夕	以心伝心	旧約聖書	異口同音
一騎当千	故事成句	公平無私	強迫観念	大同小異
意気揚々	勧善懲悪	単刀直入	源泉徴収	特急電車

個別訪問	喜怒愛楽	人口呼吸	気色満面	一気可成
一穫千金	強硬採決	主脳会談	責任転化	口答試問
軽重浮薄	合性洗剤	旧態以前	言語同断	金城湯地
人事移動	一連托生	意思薄弱	五里夢中	生存競走

一気呵成	喜色満面	人工呼吸	喜怒哀楽	戸別訪問
口頭試問	責任転嫁	首脳会談	強行採決	一攫千金
金城遊池	言語道断	旧態依然	合成洗剤	軽佻浮薄
生存競争	五里霧中	意志薄弱	一蓮托生	人事異動

◆参考文献

「語源の楽しみ一～五」、「語源散策」岩淵悦太郎（以上、河出文庫）／「日本語はおもしろい」柴田武（岩波新書）／「言葉に関する問答集総集編」文化庁（大蔵省印刷局）／「新聞に見る日本語の大疑問」毎日新聞校閲部編（東京書籍）／「井上ひさしの日本語相談」井上ひさし、「大岡信の日本語相談」大岡信、「大野晋の日本語相談」大野晋、「丸谷才一の日本語相談」丸谷才一（以上、朝日文庫）／「語源をつきとめる」堀井令以知、「漢字の知恵」遠藤哲夫（以上、講談社新書）／「ことばの紳士録」松村明（朝日新聞社）／「ことばの豆辞典シリーズ」三井銀行ことばの豆辞典編集室編（角川文庫）／「ことばの博物誌」金田一春彦（文藝春秋）／「日本語の知識百科」和田利政監修（主婦と生活社）／「中学入試でる順漢字3500」旺文社編（旺文社）／「漢字なりたち辞典」藤堂明保監修 ニュートンプレス編（ニュートンプレス）／「暮らしのことば語源辞典」山口佳紀編（講談社）／「語源ものしり辞典」樋口清之監修（大和出版）／「なるほど語源辞典」山口佳紀編（講談社ことばの新書）／「岩波漢語辞典」山口明穂、竹田晃編（岩波書店）／「角川類語新辞典」大野晋、浜西正人（角川書店）／「四字熟語・成句辞典」竹田晃（講談社）／「例解小学漢字辞典」（三省堂）／「大きい活字の早引き漢字辞典」旺文社編（旺文社）／「大きな活字の漢字表記辞典」（三省堂）／「何でも読める難読漢字辞典」三省堂編修所編（三省堂）／「現代に生きる故事ことわざ辞典」宮腰要編（旺文社）／「広辞苑」（岩波書店）／「広辞林」、「新明解国語辞典」（以上、三省堂）／「日本語大辞典」（講談社）／「成語林」（旺文社）／「難読難解・薀蓄字典」、「使い方の分かる類語例解辞典」、「故事・俗信ことわざ大辞典」（以上、小学館）／『朝日新聞の漢字用語辞典』（朝日新聞社）／ほか

※本書は、『これだけは知っておきたい大人の漢字力大全』（小社刊／2013年）、『小学校6年間の「勉強」が90分で身につく本』（同／2012年）、『この一冊で「ことわざ」「慣用句」「四字熟語」が面白いほど身につく！』（同／2010年）、『誰もが「勘違い！」なあやしい日本語』（同／2009年）、『日本人ならおさえておきたい「国語」の常識力』（同／2008年）、『脳にいいこと全部やってみよう！』（同／2008年）、『大人の「漢字力」頭がよくなる特訓帳』（同／2007年）などの内容をもとに、新たな情報を加え、再編集したものです。

青春文庫

言われてみれば手強い漢字2500

2023年9月20日　第1刷

編　者　話題の達人倶楽部

発行者　小澤源太郎

責任編集　株式会社プライム涌光

発行所　株式会社青春出版社

〒162-0056　東京都新宿区若松町 12-1
電話 03-3203-2850（編集部）
03-3207-1916（営業部）
振替番号　00190-7-98602

印刷／中央精版印刷
製本／フォーネット社

ISBN 978-4-413-29836-0

ほんとうのあなたに出逢う　青春文庫

〝私の時間〟はどこに消えたのか
誰も教えてくれない24時間のすごい使い方

すぐに一日、気づけば一週間……
怖すぎる日常から、
やりたいことができる毎日へ！

ライフ・リサーチ・プロジェクト［編］

(SE-831)

「思考」の見晴らしが突然よくなる本

視点を変えれば、道は開ける。
パラパラ見ているだけで、行き詰まりを
チャンスに変える〝モノの考え方〟146のヒント

知的生活追跡班［編］

(SE-832)

他県が知らない県民の壁

県境を越えたら、そこは別世界
47都道府県の裏側、
ぜんぶ見せます。

ライフ・リサーチ・プロジェクト［編］

(SE-833)

頭が悪くみえる日本語

「めっちゃ」、「みんな言ってます」、
「こちらが資料になります」…
こんな口ぐせをやめるだけで知的になる。

樋口裕一

(SE-834)